선생님과 함께

미리 배우는

초등 한국사

장득진 · 김경수 · 장성익 · 이동규 지음

주류성 어린이

선생님과 함께

미리 배우는

초등 한국사

장득진 · 김경수 · 장성익 · 이동규 지음

선사시대부터 조선 전기까지

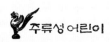

주류성 어린이

인사말

이 책을
읽는 분들에게

　　2012년 서울교육대학교 교육대학원에서 역사교육론을 주제로 강의 요청이 왔습니다. 제 7차 교육과정 중·고등학교 국정교과서를 담당한 경험을 바탕으로 현행 초등학교 5학년 사회교과서(역사 영역인 한국사)를 현직 초등학교 선생님들과 함께 검토하기로 했지요. 항상 중·고등학교 교과서에 관심을 가지고 있었으나 초등 교과서 한국사 분야에 대해서는 기회가 많지 않아 차일피일 검토를 미루고 있던 참이었어요. 일선에서 초등학교 사회를 가르치는 선생님들의 교수 학습 이야기를 듣는 것은 저로서는 몰랐던 초등 한국사 교육에 눈을 뜨이게 해주었답니다.

　　대개 초등학교 선생님들은 한국사를 깊이 있게 전공하지 않아요. 단지 대학시절에 몇 학점 정도를 듣고 공부한다고 합니다. 그나마 교육대학교에서도 사회과가 아니면 필수 과목이 아니어서 거의 듣지 못하는 형편이라고 합니다. 근래에 한국사능력검정시험을 통과해야 임용고사를 볼 수 있게 한 제도는 참 다행한 일이에요. 왜냐하면 초등 교육에서 역사는 매우 중요하기 때문입니다. 수학여행을 가거나 수행평가를 위한 탐구 활동을 할 때에도 그 대상이 역사와 관련이 있는 공간인 경우가 많으며, 초등학교 역사 교육은 한 사람 역사의식의 평생 기초가 되기 때문입니다.

현행 초등 교과서를 검토한 결과 정말 깜짝 놀랐습니다. 종전 한 학기에서 두 학기로 학습량이 늘면서 만든 교과서의 내용은 그야말로 아연실색이었죠. 사실의 오류도 있었지만 기본적으로 많은 부분이 중·고등학교의 내용 요소를 무비판적으로 가져 왔어요. 특히, 시각 자료의 확보와 읽기자료에만 매달려 초등학생들의 학습 수준을 고려하지 않았다는 느낌이 강하게 들었습니다. 예를 들면, 학생들로서는 전혀 이해할 수 없고 선생님들도 이해하기 힘든 문화재 작품의 불교 용어들, 그리고 자식들에게 재산을 나눠주는 오래된 문서 등이 실려 있었죠. 이것은 사실 7차 교육과정 고등학교 국사교과서의 내용들입니다. 과연 초등 5학년 학생들이 이것을 이해할 수 있을까요?

대부분의 어린이들은 드라마나 만화 등을 통해 우리 역사에 대해 처음 흥미를 갖습니다. 그렇게 재미있던 우리 역사이건만 오히려 초등학생들이 5학년 교과서로 배우면서 흥미를 잃게 되지요. 즉, 지금의 초등 교과서는 지나치게 어렵습니다.

앞으로 2년 후면 다시 새로운 교육과정에 따라 교과서가 바뀝니다. 이 책은 앞으로 바뀌는 2015년도 초등 5학년 사회 교과서를 교육과정에 따라 미리 한 번 만들어 본 것입니다. 부디 다음 초등 교과서는 이런 형태를 띠었으면 하는 바람을 담았습니다. 서술하면서 교육과정에 따르다 보니 좀 어색하거나 구성하기 힘든 부분이 있음을 알게 되었어요. 그리하여 나름대로 내용 요소를 추가한 것도 있고, 뺀 것도 있습니다.

이 책의 특징은 우선 목차를 아이들 눈높이에 맞추려고 노력하였고 친근감 있는 구어체를 바탕으로 작성하였습니다. 지나칠 정도로 많은 사진 자료는 초등 교육이 유적이나 인물을 통해 역사를 이해하는 것을 목표로 하기 때문입니다. 또한 단원이 끝나면 답이 없는 토론형 탐구활동을 통해 학생들이 스스로 역사에 대한 고민을 해보도록 하였고, 얼마나 이해했는가를 측정하기 위해 단원마다 문제풀이를 구성하였습니다. 게다가 초등 역사 수업이 교과서의 어려운 단어로 인하여 흥미를 잃게 한다는 지적에 따라 쉬운 말로 풀어 학생들이 쉽게 읽어 나갈 수 있게 하였고, 선생님들을 위해 학생들이 자주 질문하는 내용을 '선생님 질문 있어요' 라는 항목으로 만들어 넣었습니다.

특히, 이 책의 가장 큰 장점은 현직 초등학교 선생님들이 집필하고, 이를 배울 초등학생들에게 충분한 검토를 받은 것입니다. 이 책의 주인공은 다름 아닌 초등학생들입니다. 초등학생들에게 이 책을 미리 읽힘으로써 학생들이 요구하는 내용들을 수렴하였지요. 또한 역사를 가르치는 현직 초등학교 선생님들이 현장에서의 문제점을 바탕으로 초등학생들의 수준에 맞추어 집필하였습니다. 대개 교과서는 급하게 만들어집니다. 충분한 검토가 잘 이루어지지 않고 실제 이를 직접 이용하는 학생들의 요구는 받아들여지지 않는 문제점을 해결하기 위해 노력하였습니다.

책이 나오기까지는 1년이 걸렸습니다. 나름 대학원 수업의 결과를 책으로 내는 것이 꿈이었는데 이를 현직 초등학교 선생님들과 실현하게 되었지요.

끝으로 지나친 욕심을 묵묵히 들어준 공동 필자인 김경수(계성초등학교 교사), 장성익(천동초등학교 교사), 이동규(영본초등학교 교사)에게 감사하고 이 책을 감수해 주신 서울교육대학교 김원수 교수와 이경찬·이기명 등의 검토자 분들, 그리고 이 책을 미리 읽어 주고 느낀 바를 의견으로 낸 곽도윤·윤정원(계성초등학교), 김혜지·이준표·임준형·주재우(천동초등학교), 김동영·박성원·배성빈·송윤서(영본초등학교) 등의 초등학교 학생들에게 고마움을 전합니다.

왼쪽부터 장성익, 이동규, 김경수 선생님

책의 편집에는 정진호씨가 수고하셨고, 아울러 강남문화원장이시며 주류성 출판사 사장인 최병식 님과 이준 이사에게도 감사의 뜻을 전하고 싶습니다.

2013년 8월

저자들을 대신하여

장 득 진 (국사편찬위원회)

목 차 1권

❸ 유교 문화가 발달한 조선

2권

4. 조선 사회의 새로운 움직임
1. 양 난의 극복과 영토 수호 2. 여성의 사회적 지위와 생활 3. 새로운 문물의 전래와 신도시 화성 건설 4. 조선 후기 문화의 발달 5. 조선 후기 농민의 성장과 저항

5. 근대 국가의 수립과 민족의 독립운동
1. 외세의 침략과 개항 2. 나라구하기 운동과 대한제국의 탄생 3. 일제 강점기의 독립운동 4. 근대 문물의 수용과 사회 변화

6. 대한민국의 발전과 오늘의 우리
1. 8·15 광복과 대한민국의 성립 2. 6·25 전쟁과 그 영향 3. 민주주의의 성장 4. 경제 성장과 사회 변화 5. 우리의 미래와 평화 통일

부록 •세계 문화 유산 •한국사 연표 •역대 왕조 계보

① 우리 역사의 시작과 발전

학습내용 : 선사 시대의 생활과 문화를 파악하고, 고조선 성립의 의미를 이해한다. 고구려·백제·신라, 통일 신라와 발해의 역사와 문화를 인물 이야기 및 유물과 유적을 중심으로 파악한다.

1. 선사 시대 사람들의 생활
2. 최초의 국가 고조선
3. 삼국의 성립과 발전
4. 삼국의 통일
5. 삼국과 통일 신라의 문화
6. 발해의 건국과 발전

구석기문화
약 70만년전
돌맹이를 깨뜨려 살아가다

신석기문화
기원전 8000년경
돌을 갈아서 농사를 짓다

청동기 문화
기원전 2000~1500

고조선 건국 (기원전 2333, 삼국유사)
단군왕검, 최초의 우리나라를 세우다

신라 건국
기원전 57
박혁거세, 서라벌의 왕이 되다

고구려 건국
기원전 37
주몽, 졸본에 자리잡다

백제 건국
기원전 18
온조, 위례성에 자리잡다

철기 문화의 보급
기원전 400

아주 먼 옛날, 돌을 깨뜨려 도구로 쓰던 구석기 시대의 사람들은 열매를 따먹거나 사냥으로 식량을 구하며 이리저리 옮겨 다니면서 살았어요. 우리 조상들은 이때부터 만주와 한반도 주변 지역에서 살아가기 시작했지요. 돌을 갈아서 사용하던 신석기 시대에 와서는 농사를 짓고 짐승을 기르면서 한곳에 머물러 생활하였어요. 시간이 더 흘러 '청동'이라는 단단한 금속을 만들어 쓰는 청동기 시대에는 우리나라 최초의 나라인 고조선이 세워졌고, 이후 부여, 고구려, 옥저, 동예, 삼한 등 여러 나라가 등장하였어요. 여러 나라들은 고구려, 백제, 신라가 지배하고 발전하다가 결국 신라에 의해 삼국이 통일되었죠. 통일신라 북쪽의 고구려 땅에는 고구려를 이어받은 발해가 세워져 발전하였답니다.

삼국통일
676년
신라, 삼국을 통일하다

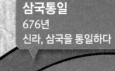
안시성 전투
645년
양만춘, 당나라를 물리치다

살수대첩
612년
을지문덕, 수나라를 물리치다

백제 전성기
371년
근초고왕, 고구려를 치다

신라 전성기
538년
진흥왕, 한강유역을 점령하다

발해 건국
698년
대조영, 고구려를 계승하다

고구려 전성기
427년
장수왕, 평양으로 수도를 옮기다

① 선사 시대 사람들의 생활

학습내용 : 선사 시대 사람들의 생활 모습을 대표적인 유물과 유적을 통해 파악한다.

석기시대
돌로 만든 도구를 주로 사용한 시기를 석기 시대라 합니다. 이를 다시 구석기 와 신석기 시대로 나눈답니다. 구석기 시대는 돌을 부딪혀 떼어낸 석기를 사용하였기 때문에 뗀석기라고도 불린답니다.

① 구석기, 돌멩이를 깨뜨리며 살아가다

우리가 살고 있는 한반도에는 약 70만 년 전부터 사람들이 **돌을 깨뜨려서 만든 도구**를 사용하며 살아왔어요. 이 시기를 **구석기 시대***라고 하죠. 돌로 만든 도구는 사냥을 할 때 큰 도움이 되었답니다.

구석기 사람들은 주로 **동굴**에서 살았고 동물을 사냥하거나 나무 열매, 풀뿌리 등을 구해 먹고 살았습니다. 그래서 먹을 것이 떨어지면 다른 곳으로 이리저리 옮겨가며 생활을 하였죠. 옷은 사냥한 동물의 가죽을 입었을 것으로 여겨집니다. 우리나라에는 여러 곳에서 구석기 유적이 발견되는데, 경기도 연천 전곡리 유적이 유명합니다.

주먹도끼

구석기 시대의 대표적 유물인 주먹도끼랍니다. 주먹도끼란 주먹에 쥐고 쓸 수 있는 도끼 형태의 돌멩이입니다. 주먹도끼는 짐승을 사냥하고, 짐승 가죽을 벗기고, 또 땅을 파서 나무뿌리 등을 캐는 등 다양한 목적으로 사용되었어요.

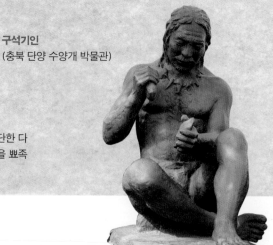

구석기인
(충북 단양 수양개 박물관)

주먹도끼
손보다 조금 큰 돌을 단단한 다른 돌로 조금씩 깨서 끝을 뾰족하게 만들었어요.

② 신석기, 농사를 짓기 시작하다

기원전* 8000년경부터 **신석기 시대**가 시작되었어요. 구석기가 돌을 깨뜨려 만든 도구라면, 신석기는 **돌을 정교하게 갈아서 만든 도구**를 말합니다. 또 이때부터 사람들은 **농사를 짓고 동물을 기르기** 시작했어요. 그래서 이제는 먹을 것을 찾아 옮겨 다니지 않고 한곳에 모여살기 시작하였답니다. 이것은 우리 인간에게 크나 큰 변화였지요.

신석기 사람들에게 농사는 안정적으로 먹을 것을 가져다주었어요. 그러나 농사 기술이 지금처럼 발달하지 못해 곡식은 부족하였고 여전히 사냥과 고기잡이를 해야만 했습니다. 그리고 신석기 사람들은 땅을 파고 그 위에 지붕을 씌운 **움집**에서 살았으며, 먹을 것을 담기 위해 흙을 빚어 **그릇**을 만들어 사용하였어요. 또 뼈바늘과 가락바퀴를 통하여 옷을 만들어 입기도 하였답니다.

선생님 질문있어요

기원전(B.C.)이 뭐예요?
예수님이 태어난 연도를 기원후 1년으로 기준삼고, 기원전은 이를 거꾸로 거슬러 올라가는 시간입니다. 즉, 예수님이 태어나기 1년전은 기원전 1년, 10년전은 기원전 10년이 되죠. 기원전 8000년은 예수님이 태어나시기 8000년 전인 아주 오랜 옛날입니다.

신석기 시대의 생활 모습
움집 복원 모습(서울 암사동 선사유적지)

선생님 질문있어요

토기 바닥이 왜 뽀족해요?
밑쪽이 뽀족한 이유는 신석기인들
이 주로 살던 강가나 바닷가의 모
래바닥에 쉽게 박아 놓을 수 있었
기 때문이라고 해요.

신석기 시대의 유물들

갈돌과 갈판
신석기는 돌을 갈아서 만든 석기를 사용했기 때문
에 간석기라고도 불러요.
가장 대표적이라고 할 수 있는 것이 갈돌과 갈판인
데 이 도구를 이용해서 채집한 도토리 등을 갈아서
먹었어요.

빗살무늬
머리빗의 가늘게 갈라진 살처럼 생긴
무늬예요.

빗살무늬 토기
토기의 표면에 빗살 모양의 무늬가 그려진 신석기 시대의 대표적인 토기예요. 신석기 시대 사람
들은 곡식을 담아두거나 음식을 요리할 때 이 토기를 사용하였어요.

선생님 질문있어요

**구석기 시대에는 토기가 없는데,
이 때는 토기나 그릇을 사용하지
않았나요?**
토기 유물은 신석기 시대부터 발
견되었어요. 오래된 유물들의 시
대는 방사선 동위원소 측정법이라
는 과학기술로 정확히 알 수 있지
요. 인류의 초기인 구석기 시대 사
람들은 이동생활을 하며 사냥과
채집으로 먹거리를 구하였기 때문
에 그릇이 그다지 필요하지 않았
을 거예요. 하지만 신석기 시대 사
람들은 농사를 시작하면서 그 수
확물을 담아 놓는 그릇이 필요하
여 다양한 토기를 만들었답니다.

가락바퀴
신석기 시대에 실을 꼬아 만들었던 도구로 옷이나 그
물을 만드는데 사용되었답니다.

③ 첨단 도구, 청동기가 만들어지다

선생님 질문있어요

만주 지역이 어디예요?
만주 지역은 압록강 너머의 지역, 즉 한반도 북쪽의 넓은 땅을 말합니다. 지금은 중국 동북 지방이죠.

멀리 만주 지역에서는 기원전 2000년경에 **청동기 시대**가 시작되었어요. 한반도에도 기원전 1500년을 즈음하여 청동기가 들어왔답니다. 청동을 만드는 기술은 구리에 다른 금속을 섞어 단단하게 바꾸는 것으로 당시로서는 첨단 기술이에요. 청동기는 주로 계급이 높은 사람들의 **무기**나 **장식품, 종교 도구**로 사용되었죠. 그러나 청동을 만드는 일은 쉽지 않았기 때문에 대부분의 생활도구들은 여전히 돌이나 나무로 만들어졌지요.

만주 지역

청동기 시대 사람들은 주로 강가 근처의 산이나 낮은 언덕에 마을을 이루며 살았고, 마을 주변에 농사를 지었어요. 농기구는 신석기보다 더욱 발달되어 괭이, 반달 돌칼 등이 사용되었고, **벼농사**도 본격적으로 시작되었답니다.

청동기

장대투겁

8개 구슬 달린 방울

청동기를 착용하고 있는 제사장

청동 거울

청동 검

④ 고인돌, 이게 뭔 돌덩이여

 청동기 시대에는 옹기종기 모여 살던 사람들 수가 늘어나 점차 큰 마을을 이루게 되었어요. 이것을 '**부족**'이라고 하죠. 부족원들은 처음에는 모두 평등했으나 부족이 커지면서 부족을 이끌고 지배하는 족장이 나타나게 되었어요. 이러한 사실은 **고인돌**을 통해 알 수 있어요.

탁자식 고인돌(인천 강화)

바둑판식 고인돌(전북 고창)

 특히, 우리나라는 세계적으로 드물게 전국적으로 많은 고인돌이 있어요. 청동기 시대에 **족장**이 죽으면 그의 **힘을 뜻하는 거대한 돌로 무덤**을 만들었는데, 이것이 바로 고인돌이랍니다. 고인돌을 만들기 위해서는 수많은 사람들이 동원되었는데, 수백 명이 날

반달 돌칼과 사용법
청동기 시대에 곡식을 자르는데 사용하던 도구예요.
(청동은 귀해서 농사도구는 여전히 돌로 만든 도구를 사용했지요.)

라서 만든 큰 고인돌도 있답니다. 이를 통해 청동기 시대의 지배자인 족장의 힘을 알 수 있죠. 고인돌 무덤 안에는 청동 검, 청동 거울, 청동 방울 등도 함께 묻었습니다.

이 시기에 들어 농사 기술이 발전하여 식량이 많아지면서 재산을 늘리는 한편, 청동검 등 청동 무기를 이용하여 이웃 부족을 정복하여 부족의 세력을 넓혔어요. 부족마다 하늘에 제사지내는 **종교 의식**도 하였답니다.

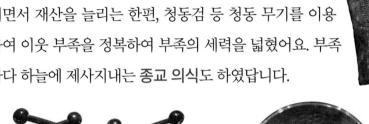

농경문 청동기(국립 중앙 박물관)
이 유물을 통해 청동기 시대 사람들이 농사짓는 모습을 알 수 있어요.

따비
따비는 쟁기와 비슷한 농기구로 이 당시 농기구를 사용했다는 것을 알려 줍니다.

청동 방울

청동 거울

울산 반구대 바위에 새겨진 그림
- 그 옛날에 고래사냥을?! -

선사 시대에 그려진 반구대 그림에는 다양한 동물이 그려져 있어요. 고래, 거북, 물개 등 바다 동물부터 사슴, 멧돼지, 호랑이, 여우, 늑대, 족제비 등 육지동물까지 수많은 동물들이 확인되는데 사냥을 잘 할 수 있기를 바라는 마음에서 새긴 것으로 보여요.

탐구 활동

고인돌의 나라 한반도 : 크고 무거운 고인돌을 누가 어떻게 만들었을까?

고인돌은 선사 시대 돌무덤의 일종으로 세계 곳곳에 남아있답니다. 그런데 놀라운 것은 전 세계의 절반에 이르는 고인돌이 한반도에서 발견되었어요. 전국적으로 약 30,000여 기에 가까운 고인돌이 있으며 특히 세계 문화 유산으로 등록된 고창·화순·강화 고인돌 유적이 유명하답니다.

고인돌 밑에서는 죽은 사람과 같이 묻은 여러 가지 물건들이 발견되었습니다. 이 유물들을 조사한 결과 우리나라에서 발견되는 고인돌은 대부분이 청동기 시대와 초기철기 시대에 만들어진 것이었어요. 그렇다면 그 먼 옛날, 도대체 누가 이 거대한 돌무덤을 만든 것일까요?

또한, 그 옛날 포크레인과 같은 기계들도 없었을텐데 사람 힘만으로 어떻게 그 큰 돌을 구해다가 옮겨 고인돌을 만들 수 있었을까요?

① 받침돌 세우기

② 흙으로 받침돌 사이를 덮기

③ 흙 위에 덮개돌을 올리기

④ 받침돌 사이 흙을 퍼내기

문제풀이

1 다음 유적들이 있었던 시기의 생활 모습으로 옳은 것은?( )

① 고인돌을 제작하였다.

② 동물을 기르고 농사를 짓기 시작하였다.

③ 주로 이동 생활을 하며 사냥과 채집 활동을 했다.

④ 돌을 깨뜨리거나 떼 내어 만든 석기를 주로 사용한다.

2 (가)에 들어갈 시기의 모형 그림으로 가장 적절한 것은?( )

> **(가)** 시기에는 본격적으로 벼농사를 짓고 개인의 재산을 중요시
> 여겼다. 또한, 사회 질서가 엄격하여 신분이 나타나기 시작하였으며 이웃 부
> 족을 정복하여 부족의 세력을 넓히기도 하였다.

① 돌을 갈거나 쪼아서 도구를 만들고 있음

② 돌끼리 서로 부딪혀서 도구를 만들고 있음

③ 동굴이나 강 근처에 움집을 짓고 살고 있는 모습

④ 고인돌을 만들기 위해 돌을 나르는 모습

정답과 해설은 140쪽에 있습니다.

② 최초의 국가 고조선

학습내용 : 단군의 건국 이야기를 알고, 고조선이 우리 역사상 최초의 국가임을 이해한다.

① 하늘에서 내려온 단군왕검

청동기 문화가 시작되면서 만주와 한반도에는 족장이 다스리는 많은 부족들이 나타났어요. 기원전 2333년, 단군은 이러한 부족들을 합하여 **우리나라 최초의 국가인 고조선**을 세웠답니다. 고조선을 통하여 우리나라의 역사가 매우 오래 되었음을 알 수 있고, 단군 이야기로 우리 민족이 처음 나라를 세웠을 때 상황을 생각해 볼 수 있어요.

옛 사람들은 하늘을 두려워하고 신성하다고 여겼어요. 따라서 하늘을 다스리는 신의 후손이 세상에 내려와 고조선을 세웠다는 것은 고조선이 스스로를 자랑스럽게 여겼다는 뜻이 담겨 있답니다. 그리고 비, 바람, 구름을 다스리는 신하를 데리고 왔다는 것은 고조선 시대에는 농사를 널리 짓고 있었기 때문에 농사가 매우 중요했다는 것을 알 수 있지요.

곰과 호랑이는 각기 그 동물을 수호신으로 섬기는 부족을 뜻하며, 곰과 호랑이가 사람이 되고자 했던 것은 곰 부족과 호랑이 부족이 환웅족과 힘을 모으고자 했던 것이라 볼 수 있어요.

힘을 모은 환웅족과 곰 부족은 더욱 큰 세력을 이루었고 이 사이에서 태어난 아이가 **단군왕검**이 되었어요.

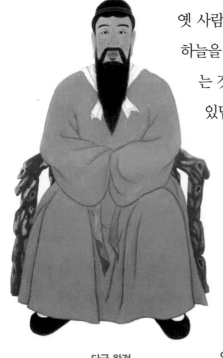

단군 왕검

옛날 하늘나라를 다스리는 환인의 아들 환웅은 인간 세상에 내려가 널리 인간을 이롭게 하고자 하였습니다. 아버지의 허락을 받은 환웅은 바람과 비와 구름을 다스리는 신하와 3천 명의 무리를 이끌고 세상에 내려와 인간 생활에 관한 여러 일들을 백성들에게 가르치고 인간세상을 다스렸 습니다.

마침 그 곳에 사람이 되고 싶은 곰과 호랑이가 있었는데 환웅은 쑥과 마늘을 주면서 백 일 동안 햇빛을 보지 않으면 사람이 될 것이라고 하였습니다.

곰은 이를 잘 참고 견디어 여자의 몸으로 변하였으나 호랑이는 견디지 못하고 도망갔습니다. 사람이 된 곰여인은 아이를 낳게 해 달라고 하늘에 빌었고 이를 본 환웅이 곰여인과 혼인하여 아들을 낳으니 그 이름을 단군왕검이라 하였습니다.

단군은 아사달에 나라를 세우고 그 이름을 '조선'이라고 하였습니다. 단군은 1500년 동안 조선을 다스리다가 신선이 되었는데 이때 단군의 나이가 1908세였습니다.

『삼국유사』

'단군'은 하늘에 제사를 지내는 사람을 일컫는 말이고 '왕검'은 임금을 말해요. 결국 단군왕검은 왕인 동시에 종교 지도자로 고조선의 정치, 종교를 모두 다스렸던 것입니다.

단군왕검이 1500년 동안이나 나라를 다스렸단 이야기는 한 사람이 1500년 동안 살았다는 것이 아니라, 단군왕검의 자손들이 대대손손 고조선을 다스렸다는 뜻으로 이해해야 해요. 그러니 단군 왕검은 우리나라 시조 할아버지의 이름이면서 고조선을 다스리던 왕들을 두루 일컫는 말이기도 한 것이지요.

참성단(인천 강화)
단군이 하늘에 제사를 지내기 위해 쌓은 것이라 전해요.

② 사람을 죽이지 말라

세기
100년을 단위로 하는 시대를 말해요. 즉, 1년부터 100년까지는 1세기, 101년부터 200년까지를 2세기로 부르죠. 따라서 지금은 21세기입니다.

고조선은 청동기 문화의 발전에 따라 점차 세력을 키워나갔어요. 그리하여 기원전 4세기*에는 요령 지방*을 중심으로 만주와 한반도 북부를 잇는 넓은 지역을 통치하는 국가로 발전하였답니다.

고조선은 사회를 유지하기 위해 **8개의 법 조항**을 만들었는데 그 가운데 다음과 같은 3개의 조항이 전해지고 있어요.

"역사학자들은 탁자식 **고인돌, 비파형 동검, 미송리식 토기**가 발견되는 지역이 바로 **고조선의 영역**이라고 보고있어요"

선생님 질문있어요

요령 지방이 어디예요?
중국 랴오허강을 흔히 요하라고 하는데 이 강의 동쪽 지방을 요동지방, 서쪽 지방을 요서지방이라 합니다. 요동과 요서 지방을 합친 지역을 요령지방이라고 해요. 고조선은 이 지역을 중심으로 만주와 한반도 북부를 잇는 넓은 지역을 다스리는 국가로 발전하였죠.

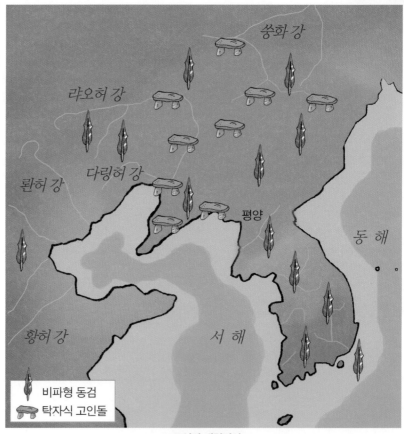

고조선의 세력범위

고조선의 8조법(금)

① 사람을 죽인 자는 사형에 처한다.

② 남을 다치게 한 자는 곡물로 갚는다.

③ 도둑질한 자는 노비로 삼는다. 용서를 받으려면 50만전을 내야 한다.

고조선 시대에는 사람의 생명과 노동력, 재산을 중요하게 여겼고 노비도 존재했다는 것을 알 수 있어요. 단군 신화에 나오는 널리 인간세계를 이롭게 한다는 '홍익인간' 사상에서도 사람을 중요하게 여겼음을 알 수 있답니다. **고조선의 영역이었던 곳에서는 비파형 동검과 탁자식 모양의 고인돌, 미송리식 토기가 많이 발견되고 있어요.**

선생님 질문있어요

정말 도둑질하면 50만전이나 내야 했나요?

아마 고조선 시대에는 화폐가 사용되지 않은 것으로 보이는데, 이는 중국 한나라 때 사형수가 내는 돈의 양이었어요. 그런 것으로 보아 아마 이 항목은 나중에 추가로 들어간 것으로 여겨져요.

고조선 토기(미송리식 토기)

평안북도 의주 미송리에서 처음 발견된 토기로 미송리식 토기로 불리기도 해요. 고조선의 특징적인 유물입니다.

비파형 동검
청동기 시대의 칼로 만주, 한반도 등에서 출토되고 있는 동검이에요.

③ 여러 나라가 생기다

고조선이 중국 한나라의 침략에 멸망하고 만주 지역에는 **부여**와 **고구려**가 나타나고, 한반도 북부 동해안 지역에는 **옥저와 동예**가 자리잡았어요. 또한, 한강 남쪽 지역에서는 수십 개 작은 국가들의 연합체인 **마한·변한·진한**의 **삼한**이 발전하였어요.

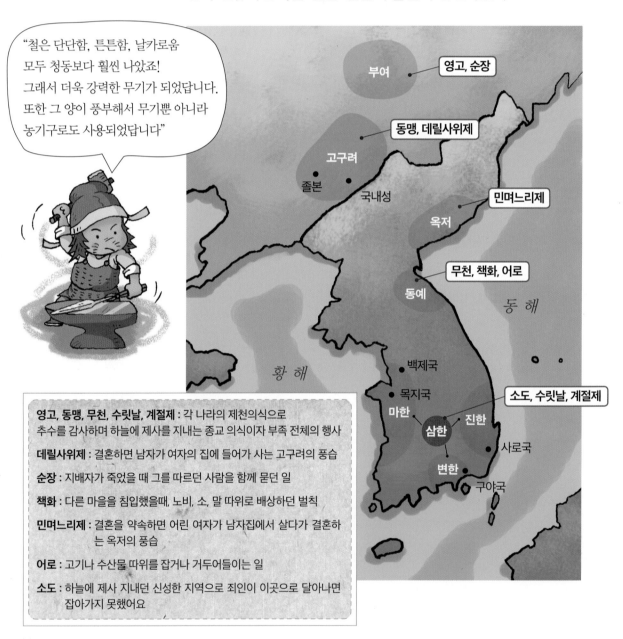

"철은 단단함, 튼튼함, 날카로움 모두 청동보다 훨씬 나았죠! 그래서 더욱 강력한 무기가 되었답니다. 또한 그 양이 풍부해서 무기뿐 아니라 농기구로도 사용되었답니다"

부여 — **영고, 순장**

동맹, 데릴사위제

고구려
졸본 · 국내성

옥저 — **민며느리제**

동예 — **무천, 책화, 어로**

동 해

황 해

백제국
목지국
마한 · 삼한 · 진한 — **소도, 수릿날, 계절제**
사로국
변한
구야국

영고, 동맹, 무천, 수릿날, 계절제 : 각 나라의 제천의식으로 추수를 감사하며 하늘에 제사를 지내는 종교 의식이자 부족 전체의 행사

데릴사위제 : 결혼하면 남자가 여자의 집에 들어가 사는 고구려의 풍습

순장 : 지배자가 죽었을 때 그를 따르던 사람을 함께 묻던 일

책화 : 다른 마을을 침입했을때, 노비, 소, 말 따위로 배상하던 벌칙

민며느리제 : 결혼을 약속하면 어린 여자가 남자집에서 살다가 결혼하는 옥저의 풍습

어로 : 고기나 수산물 따위를 잡거나 거두어들이는 일

소도 : 하늘에 제사 지내던 신성한 지역으로 죄인이 이곳으로 달아나면 잡아가지 못했어요

철제 무기와 철제 농기구

고조선은 멸망하였지만 고조선에서 한반도로 건너온 사람들을 통해 고조선의 **철기 문화**가 퍼지게 되었어요. 철기는 이전의 청동기보다 단단하면서도 재료도 풍부하고 만드는 과정이 훨씬 편했답니다. 그래서 철은 무기뿐 아니라 생활 도구를 만드는 데에도 사용되었죠.

철 찌꺼기
철을 만들면서 나온 찌꺼기입니다. 이 유물을 통해 당시 철이 사용되었음을 알 수 있답니다.

철제 농기구를 사용하면서 농업 기술이 크게 발달하였어요. 거두는 곡식의 양이 크게 늘어났고, 인구도 그만큼 늘어났지요. 반면, 부족 간에 서로 많은 식량을 차지하려고 다툼이 생겼고, 철제 무기를 전투에 사용하면서 전쟁은 더욱 자주 일어났어요. 이에 따라, 철을 잘 이용한 부족들은 세력을 크게 키워 여러 국가로 발전해 나갈 수 있었답니다.

탐구 활동

신화 속에 숨겨진 비밀들 : 고조선과 로마의 건국 이야기를 비교해 보자.

신화를 보면 믿기 어려운 황당한 이야기들이 펼쳐져요. 그런데 소설보다도 더 황당한 이야기가 실제 일어난 일처럼 역사책에도 쓰여져 있는 건 왜 그럴까요? 신화는 신을 중심으로 엮어져 내려오는 오래된 이야기로 구체적인 시대, 장소, 등장 인물이 나타납니다. 신화에서는 자기네 조상을 거룩히 여기고 자랑스러운 마음도 담겨있어요. 뿐만 아니라 역사적 사실도 숨겨져 있지요.

로마 건국 신화에는 로마를 세운 로물루스와 에무스 쌍둥이 형제가 나옵니다. 두 형제는 전쟁의 신 '마르스'의 아들인데 태어나자마자 숲 속에 버려져 늑대 젖을 먹고 자랐다고 해요. 두 형제는 자라서 전쟁에서 늘 이기며 결국 로마를 세웠다고 합니다. 로마 건국 신화 역시 지금으로서는 황당하게 여겨질 수 있지만 우리는 로마가 세워질 때 많은 전쟁이 있었고 로마는 그 전쟁에서 이긴 사람이 세운 나라라는 것을 알 수가 있죠.

이처럼 우리는 신화 속에 담겨진 역사적 의미들을 찾아낼 수 있어야 해요. 그럼 우리의 단군 신화에도 숨겨진 사실들이 많이 있겠죠? 로마 건국 신화와 비교하여 우리 단군 신화의 특징을 생각해 봅시다.

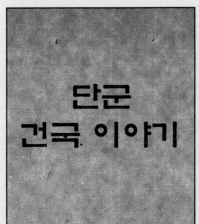

단군
건국 이야기

① 어느날 환웅이 인간세상을 보다가 하느님께 말했어요

"아버지, 땅으로 내려가 널리 인간을 이롭게 하고 싶습니다."

② 환웅이 무리를 이끌고 태백산 신단수 아래로 내려왔어요. 이때 비, 바람, 구름을 다스리는 신하들도 데려왔죠.

③ 인간세상에 온 환웅에게 어느날 곰과 호랑이가 찾아와 말해요.

"환웅님, 우리 사람이 되고 싶어요."

④ 동굴 속 곰과 호랑이 중에 곰만 사람이 되는데 성공했죠.

⑤ 사람이 된 곰은 환웅과 결혼하여 아들을 낳았고, 그가 바로 고조선을 세운 단군왕검이에요.

1 (가)에 들어갈 나라로 옳은 것은?(   )

이 세상에 나라가 생긴 것은 청동기를 사용하던 때부터예요. 돌도끼를 사용할 때보다 농사짓고 짐승 잡기가 훨씬 쉬웠어요. 곡식과 짐승을 많이 가진 부자도 생겨났어요.

그러자 큰일이 생겼어요. 부자들은 더욱더 큰 부자가 되려고 안간힘을 썼어요. 가난한 사람들은 부자의 곡식을 훔쳐 내기도 했어요. 이러다간 도둑과 싸움꾼들만 사는 세상이 될 것 같았어요.

그래서 사람들에게 서로의 재산을 지켜 주는 법과 그 법을 지키지 않는 사람에게 벌을 줄 수 있는 나라가 필요했어요.

그래서 생긴 우리 민족 최초의 나라가 ⟨ (가) ⟩ (이)랍니다.

① 옥저   ② 부여

③ 고조선   ④ 고구려

2 ㉠~㉣에 관한 설명으로 적절하지 <u>않은</u> 것은?(   )

(고조선에서는) 백성들에게 금하는 법 8조가 있었다. 그것은 대개 ㉠사람을 죽인 자는 즉시 죽이고, ㉡남에게 상처를 입힌 자는 곡식으로 갚는다. ㉢도둑질을 한 자는 노비로 삼는다. ㉣용서받고자 하는 자는 사람마다 50만전을 내야 한다고 되어있다.   〈한서〉

① ㉠ – 사람의 생명과 노동력을 중요하게 여겼음을 알 수 있어요.

② ㉡ – 당시 사회의 경제적 기반은 농업이었음을 알 수 있어요.

③ ㉢ – 노비가 있는 계급사회였음을 알 수 있어요.

④ ㉣ – 남녀의 사회적 역할이나 지위가 거의 비슷함을 알 수 있어요.

정답과 해설은 140쪽에 있습니다.

3 삼국의 성립과 발전

학습내용 : 역사지도와 인물 이야기를 통해 고구려, 백제, 신라의 발전 과정을 파악한다.

① 삼국이 세워지다

고조선 이후 여러 나라들 가운데 고구려, 백제, 신라 삼국은 주변 지역을 정복하면서 영토를 키워 나가고 강력한 **중앙 집권 국가**로 발전하였어요. 낙동강 유역에서 성장한 가야도 삼국과 함께 강력한 세력으로 등장하였지요.

삼국은 영토를 키워 나가는 과정에서 서로 간에 전쟁을 하기도 하고 때로는 서로 돕기도 하였답니다. 백제는 일찍이 화려한 귀족 문화가 발전하였고, 북쪽에 위치한 고구려는 중국의 침략을 막아 내어 민족의 방패로서의 역할을 하였습니다. 가장 늦게 발전한 신라는 삼국을 통일하여 삼국의 문화가 하나의 민족 문화로 발달할 수 있는 기틀을 마련하였답니다.

그럼 삼국을 세운 인물들은 누구일까요?

선생님 질문있어요

중앙 집권 국가란?
힘 센 자가 돌아가면서 우두머리가 되던 연맹 왕국에서 벗어나 강력한 왕이 법에 의해 나라를 다스리고 그 아들이 왕위를 이어받는 국가를 의미합니다.

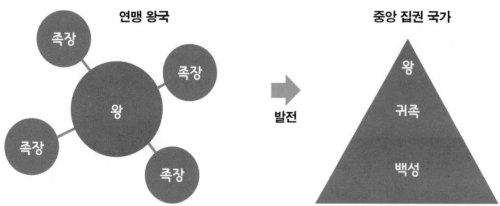

연맹 왕국에서 중앙 집권 국가로 발전
연맹 왕국에서 왕은 여러 부족들 중 조금 더 센 부족의 대표일 뿐이었다면, 중앙 집권 국가에서는 왕이 백성들을 직접 다스리고 부족장들은 귀족, 관리가 되어 나랏일을 돕게 되었답니다.

(1) 주몽, 고구려를 세우다

부여에는 물의 신 하백의 딸인 유화라는 여인이 살았어요. 어느 날 유화는 연못으로 산책을 나갔는데, 갑자기 용을 탄 한 사람이 다가왔어요. 그는 하느님의 아들 해모수였습니다. 둘은 만나자마자 사랑에 빠졌지만 해모수는 바로 떠나게 되었어요. 홀로된 유화는 길을 가던 도중 부여 왕인 금와왕을 만났어요. 금와왕은 유화에게 첫눈에 반해 궁궐로 데리고 갔습니다. 금와왕은 유화를 방에 가두어 놓았는데, 어느 날 방의 창문에 빛이 들어왔고 유화는 임신을 했답니다.

그런데 유화가 낳은 것은 큰 알이었어요. 알에서 한 남자 아이가 태어났는데, 활쏘기를 아주 잘하였죠. 그래서 '**주몽**'이라고 불렸습니다.

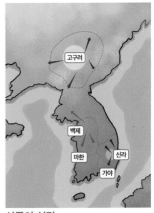

삼국의 성립

부여의 여러 왕자들은 여러모로 뛰어난 주몽을 시기하여 죽이려고 하였죠. 주몽은 이들을 피해 부여에서 도망치던 중 강 앞에서 막혀 섰어요. "나는 신의 아들 해모수의 아들이자 하백의 손자이니 길을 열어라."라고 주몽이 외치자 물고기와 거북이들이 길을 만들어주어 도망칠 수 있었지요. 그는 도망을 가다가 압록강 유역의 졸본이라는 땅에 나라를 세웠고, 이 나라가 바로 **고구려**입니다.

오녀산성(중국 환인현)
고구려가 처음 나라를 세운 졸본성의 터이지요.

(2) 온조, 백제를 세우다

주몽은 고구려를 세우고 소서노라는 여인과 결혼을 하여 **비류**와 **온조**라는 두 아들을 낳았어요. 그러나 주몽이 고구려를 세워 나라를 다스린 지 19년이 지났을 때 부여에 있었던 첫 부인의 아들 유리가 주몽을 찾아옵니다. 주몽은 기뻐하며 유리를 그의 뒤를 이을 태자로 정하였지요.

그러자 비류와 온조는 고구려를 떠나 남쪽으로 내려와 새로운 나라를 세우고자 하였어요. 두 형제는 각자 어느 곳에 나라를 세울지를 두고 의견이 나뉘었어요. 결국 비류는 미추홀(인천)에, 온조는 **위례성**(서울)에 나라를 세웠죠. 그러나 비류가 세운 나라는 오래가지 못하고, 온조가 세운 나라는 번성하였답니다. 결국 온조는 비류의 세력을 합쳐 나라의 이름을 **백제**라고 지었답니다.

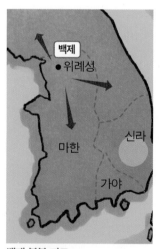

백제 부분 지도

몽촌토성 목책(서울 송파)
백제 초기의 토성으로 '목책'은 나무로 만든 방어시설이에요.

(3) 박혁거세, 신라를 세우다

옛날 사로(경주)에는 왕이 없었어요. 그래서 촌장들이 나라를 다스리고 있었습니다. 그러던 어느 날, 한 촌장이 우물을 지나가다가 흰 말이 울고 있는 것을 보았어요. 흰말 곁에는 알이 있었습니다. 촌장이 가까이 다가가자 흰 말은 날아가고 알에서 아이가 나왔는데 그가 **박혁거세**입니다. 성은 박 같은 알에서 나왔다고 박, 이름은 세상을 환하게 밝힐 인물이라고 박혁거세라고 지었다고 해요.

박혁거세는 왕위에 올라 전국을 돌면서 백성을 돌보고 농사를 잘 지을 수 있도록 힘썼어요. 그리고 나라 이름을 **서라벌(후에 신라로 바뀜)**, 도읍을 **금성(경주)**이라 정하고, 궁성을 쌓아 국가의 기초를 세웠어요.

선생님 질문있어요

고구려, 신라, 가야 건국 신화를 보면 왕들이 모두 알에서 나왔다는데 왜 그런 것일까요?
알에서 왕이 태어났다는 신화는 영웅이나 왕을 보통 사람과는 다른 신비한 존재로 생각하게끔 하고, 하늘이 내려준 존재라는 것을 알리기 위해서였습니다. 즉 왕의 비범성을 돋보이게 한 것이죠!

선생님 질문있어요

서라벌이 신라로 이름이 바뀐 것은 언제부터였나요?
신라는 오랜시간 계림, 서라벌 등 여러 이름으로 불려지다가 지증왕(503) 때 '신라'로 나라 이름이 새로이 정해지게 되었답니다.

나정(경북 경주)
박혁거세가 태어난 곳으로 전한답니다.

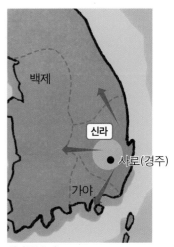

신라부분 지도

❷ 백제 근초고왕, 고구려를 치다

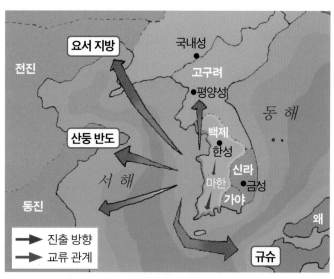

4세기 백제의 전성기

한강 하류에서 일어난 백제는 마한의 작은 국가들 중 하나였지만, 근처의 작은 나라들을 한데 모아 큰 나라로 발전하였어요. 백제는 **한강 유역의 넓은 평야를 차지**하고 있어 농사짓기에 좋았고, 황해를 통해 중국의 발전된 문물을 쉽게 받아들일 수 있었습니다. 또 불교를 받아들임으로써 백성들을 하나로 뭉치게 하고 왕의 권위를 높여 강력한 왕권을 바탕으로 발전하였답니다.

백제는 4세기 후반 **근초고왕** 때 전성기를 맞이하면서 크게 발전하였어요. 근초고왕은 왕권을 더욱 강화하고 북으로 고구려를 치고, 남으로는 마한을 완전히 합하여 현재의 전라도 지역을 모두 지배하였어요.

특히, 3만여 명의 군사를 이끌고 고구려 평양에 쳐들어가 그곳에 사냥 나온 고구려의 왕인 고국원왕을 전사시킬 정도로 힘이 막강했어요(371년). 이러한 정복 활동을 통해 강력해진 군사력과 경제력을 바탕으로 백제는 중국의 요서 지방에 이어 산둥 지방과 일본 규슈 지방에까지 진출하는 등 활발한 대외 활동을 벌였답니다.

칠지도
일본에 있는 철제 가지 모양의 칼로 근초고왕이 일본에 내려 준 칼로 전해져요.

③ 광개토대왕과 장수왕, 나라를 넓히다

　고구려는 삼국 중 가장 먼저 국가 체제를 정비한 나라였어요. 5세기 **광개토대왕** 때에는 만주 지역에 대한 **대규모 정복 전쟁**에 성공하였고, 이어서 신라에 침입한 왜와 가야를 물리침으로써 한반도 남부에까지 영향력을 미쳤답니다.

　고구려의 전성시대를 열었던 광개토대왕의 업적은 만주에 있는 광개토대왕릉비에 기록되어 있는데, 그가 죽은 뒤 고구려 사람들이 영토를 크게 넓힌 대왕이라는 뜻으로 '광개토대왕'이라고 불렸지요.

'광개토 대왕' 한자 뜻풀이
넓은 (廣) 열 (開) 흙(土)
큰 (大) 임금(王)
- 넓은 땅을 정복한 위대한 왕이라는 뜻이에요.

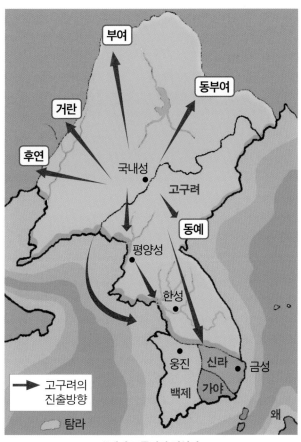

5세기 고구려의 전성기

중원 고구려비(충북 충주)
현재 우리 나라에 남아있는 유일한 고구려비로 당시 고구려의 남쪽 영토와 신라와의 관계가 쓰여져 있답니다. 현재는 전시관을 지어 보관하고 있습니다.

평양천도지도

광개토대왕의 뒤를 이은 아들 **장수왕은 수도를 국내성에서 대동강 근처의 평양성으로 옮기고**(427년), 적극적으로 남진 정책을 추진하여 백제와 신라를 압박하였어요. 이에 백제와 신라가 동맹을 맺어 대항하였지만, 고구려는 3만의 군대를 보내 백제를 공격하고 **한강 유역을 차지**하였죠(475년).

이처럼 5세기말 고구려의 계속된 정복 전쟁으로 고구려는 한반도의 중부 지역과 요동을 포함한 만주 땅 전부를 차지하여 동북아시아의 최강국으로 이름을 떨쳤답니다.

광개토대왕릉비 광개토대왕의 업적을 기리기 위해 그 아들 장수왕이 세운 비로 높이 6.4m의 거대한 비 입니다.(중국 길림성 집안시)

④ 한강 유역을 차지한 진흥왕, 나라를 넓히다

신라는 뒤늦었지만 6세기에 이르러서 크게 발전하여 삼국을 통일할 수 있는 기반을 마련하였어요. 전국적인 지방 제도를 정하고 왕이 뽑은 관리를 곳곳에 보내 다스렸으며, 나라의 법을 반포*하여 중앙 집권 국가 체제를 갖추었죠. 또, 신라의 독특한 신분제도인 **골품제도를 정비**하고 불교를 받아들여 국가의 정신적 기반을 튼튼히 하였어요.

6세기 중반에 신라 **진흥왕**은 백성들의 힘을 하나로 모아 활발한 정복 전쟁을 펼쳐서 눈부신 발전을 이루었어요. 특히 진흥왕은 유능한 청소년을 키우는 단체인 **화랑도**를 국가 조직으로 하여 많은 인재를 길러냈고, 불교를 통해 백성들의 마음을 하나로 모았어요.

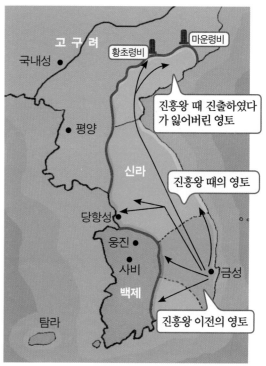

6세기 신라의 전성기

반포
세상에 널리 퍼뜨려 모두 알게 함

> **더 알아보기**
>
> ### 신라의 화랑도
>
> 화랑도는 신라 시대의 청소년 수련 단체로 아주 오래 전부터 있었어요. 진흥왕은 신라를 강하게 만들기 위해 널리 인재를 구하고 싶었으나, 누가 좋은 관리가 될 사람인지 알 수가 없었지요. 그래서 이전부터 있었던 청소년 집단인 화랑도를 국가 조직으로 크게 만들었답니다. 그리고 화랑도에게 효와 충을 가르치고, 산과 들에서 무예와 도를 닦도록 하였어요. 화랑도에서 뛰어난 인재를 찾아 관리로 뽑았고, 이들은 전쟁에서 용감한 군인이 되어 삼국 통일에 큰 역할을 하였답니다.

골품제도란?

신라 시대 혈통의 높고 낮음에 따라 신분을 구분한 제도로 신라 사람들은 태어나면서부터 골품제에 따라 여러 등급의 신분으로 나뉘었어요. 왕족은 성골과 진골, 귀족은 6두품~4두품으로 나뉘었지요. 각 신분에 따라 관직, 집의 크기, 옷의 색깔, 장신구까지 차별을 받았어요.

신라의 독특한 신분 체계는 신라 초기 중앙 집권 체제에 큰 역할을 했지만, 신라 말기에 와서는 신분에 불만을 품은 6두품이 지방 호족과 힘을 합쳐 신라가 망하는 원인이 되기도 했답니다.

순수
왕이 나라 안을 두루 보살피며 돌아다니는 일

창녕 진흥왕 척경비(경남 창녕)
빛벌가야(지금의 창녕)를 신라 영토로 편입한 진흥왕이 이 곳을 두루 돌아다니며 민심을 살핀 후 이를 기념하여 세운 비예요.

단양 신라 적성비(충북 단양)
이사부를 비롯한 신라 장군들이 왕명으로 고구려의 영토인 적성을 공격한 후 자기들을 도운 사람들을 포상하고 적성 지역 백성들을 위로하려고 세운 비랍니다.

이렇게 힘을 다진 신라는 백제와 힘을 모아 고구려를 쳐서 한강 상류의 땅을 점령하였답니다. 그리고 다시 백제가 되찾은 한강 하류의 땅마저 빼앗아 **한강 유역의 땅을 모두 차지하였죠.**

이로써 신라는 서해를 통하여 중국과 교류할 수 있는 조건을 갖추게 되었지요. 이러한 진흥왕의 정복 활동에 관한 사실은 여러 곳의 순수*비를 통하여 알 수 있답니다.

북한산 진흥왕 순수비
현재 국립 중앙 박물관으로 옮겨서 보관하고 있답니다.

북한산 진흥왕 순수비 복제(서울 종로 북한산 비봉)
진흥왕은 확대된 영토를 방문하면서 이를 기념하려고 순수비를 세웠어요. 창녕비, 북한산비, 마운령비, 황초령비 등 모두 4개가 발견되었답니다.

⑤ 철의 나라 가야, 신라에 흡수되다.

가야는 낙동강 하류 지역에서 일어났어요. '가락', '가야' 등으로도 불렸답니다. 하늘에서 6개 알이 내려와 여섯 아이가 탄생하였는데, 가장 먼저 알을 깨고 나온 **김수로**가 금관가야의 왕이 되었다고 해요.

해상 활동에 유리한 지역에 위치한 가야는 질 좋은 **철**을 생산하고 크게 무역을 하며 성장하였어요. 철로 각종 철제 무기를 만들어 사용하였고, 덩이쇠를 만들어 화폐와 같은 교환 수단으로 이용하기도 하였답니다.

가야 연맹

금관(고령 출토)

가야의 철 갑옷

선생님 질문있어요

가야는 어떻게 멸망하게 되었나요?

여섯 나라로 나뉘어 있던 가야는 강력한 힘을 지닌 세력이 없이 여섯 개의 가야국이 서로 비슷비슷한 힘을 가진 연맹왕국이였어요. 그리고 각 나라들은 통일할 생각을 하지 않고 서로 자기들 편한 방식대로 나라를 꾸렸지요. 결국 중앙 집권 국가로 성장하지 못한 가야는 왕을 중심으로 똘똘 뭉친 백제와 신라 사이에서 멸망하고 맙니다.

가야의 여러 토기
오리 모양, 컵 모양, 짚신 모양, 수레바퀴 모양 등 다양한 양식의 토기가 제작되었음을 알 수 있습니다.

덩이쇠(부산시 박물관)

그러나 풍부한 자원을 바탕으로 발전하였던 금관 가야는 신라 법흥왕에게, 대가야는 신라 진흥왕에게 멸망당하여 흡수되었어요. 가야의 문화는 신라에 많은 영향을 주었고, 또 가야의 일부 사람들은 일본으로 건너가 일본의 고대 문화 발전에 이바지하였답니다.

⑥ 고구려, 수나라와 당나라의 침입을 물리치다.

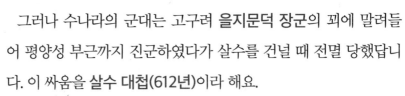

오랜 분열과 혼란이 계속되던 중국이 6세기말에 이르러 수나라에 의해 통일되었어요. 수나라 황제인 양제는 직접 113만 대군을 동원하여 고구려를 침공하였죠. 그는 고구려의 요동성을 공격하였으나 실패하였고, 바다를 통해 30만 명의 군사들을 따로 보내 평양성을 치게 하였어요.

을지문덕

그러나 수나라의 군대는 고구려 **을지문덕** 장군의 꾀에 말려들어 평양성 부근까지 진군하였다가 살수를 건널 때 전멸 당했답니다. 이 싸움을 **살수 대첩(612년)**이라 해요.

수나라는 고구려와의 무리한 전쟁으로 나라의 힘이 약해졌고, 결국 전쟁에 지친 백성들의 반란으로 멸망하고 맙니다.

수나라의 뒤를 이은 당나라는 건국 초에는 고구려와 친하게 지냈으나 태종이 황제로 즉위한 뒤에는 두 나라의 관계가 벌어지기 시작하였어요. 고구려는 국경 지방에 천리장성을 쌓고 방어 체제를 강화하는 등 당의 침략에 대비하였죠. 이 때, 고구려에서는 연개소문이 반대 세력을 물리치고 최고 지도자가 되어 당나라에 맞서고자 하였지요.

이에 당 태종은 직접 수십만 명의 군대를 이끌고 육군과 수군으로 양쪽에서 공격해 왔어요. 그러나 고구려 서쪽 국경의 중요한 요새였던 **안시성**에서 군인들과 백성들이 **양만춘 장군**과 힘을 합쳐 당나라 군대를 물리쳤답니다.

이와 같이 고구려가 수 · 당과 싸워 그 침략을 막아 낸 것은 고구려 자신을 보호한 것만 아니라 **한반도 전체를 중국의 침략으로부터 지켜냈다는 점**에서도 그 의미가 크다고 할 수 있어요.

을지문덕 동상(서울 광진)

양만춘
양만춘 장군의 이름은 조선 후기 기록에 나와요.

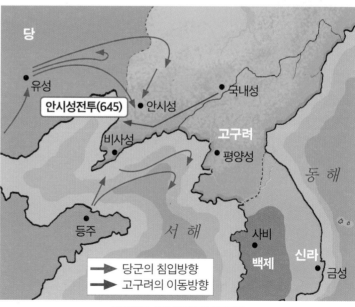

고구려의 대당 전쟁(안시성전투)

탐구 활동

삼국의 도읍지 : 약 700년 간 이어진 삼국 시대에 고구려, 백제, 신라의 도읍은 각각 어디였나요? 그리고 왜 그 곳에 위치했을 지 생각해 봅시다.

고구려의 수도는 졸본성(오녀산성)→국내성(집안)→평양성(평양) 순으로 옮겨졌습니다. 최초의 수도 졸본성은 고주몽이 부여를 탈출하여 고구려를 세운 곳입니다. 이 지역은 대부분 큰 산과 깊은 계곡으로 이루어진 천연 요새와 같은 곳으로 방어에 유리한 지역이었어요. 그러나 졸본은 땅이 좁아 많은 사람이 살기 어렵고 또한 부여와도 가까워 불안했습니다. 그래서 주몽의 아들인 유리왕은 방어하기 좋으면서도 넓은 압록강 유역의 국내성으로 옮겨 왔답니다. 국내성은 약 400년 간 고구려의 수도로 발전하였어요. 평양성은 광개토대왕의 아들인 장수왕이 백제와 신라를 압박하는 남진정책을 위해 옮겨온 수도입니다. 또한 평양성 부근에는 농사짓기 좋은 넓은 평야지대가 있고 추운 압록강 지역보다 날씨도 따뜻했지요. 그리고 국내성에서 세력을 키운 귀족들의 힘을 약하게 만들고 더욱 왕권을 강화하는 역할도 하였답니다.

백제의 수도는 위례성(한강 유역)→웅진성(공주)→사비성(부여) 순으로 옮겨졌습니다. 위례성은 온조왕이 백제를 세웠던 지역으로 북쪽으로는 한강이 흐르고, 동쪽으로는 높은 산이 막고 있으며, 남쪽으로는 기름진 평야가 둘러싸고 있는 천연의 요새와 같은 땅이었죠. 방어하기도 좋고, 곡식이 잘 자라서 사람이 살기 좋았어요. 이러한 지리적 이점을 활용하여 위례성은 500년 간 백제의 수도로 발전하였어요. 그러나 고구려의 장수왕이 쳐들어와 위례성을 포함한 한강 유역을 모두 빼앗기게 되요. 그래서 급하게 고구려를 피해 남쪽에 수도로 정한 곳이 웅진성, 지금의 공주였습니다. 웅진성은 사방이 산으로 둘러싸여 방어에는 유리했지만 교통이 불편하고 수도로서는 너무 좁았어요. 그리하여서 방어에도 적합하고 넓은 평야를 끼고 있어 경제적으로도 풍요로운 사비(부여)로 다시 수도를 옮겨 백제는 국력을 키워나갔답니다.

신라는 경주 주변의 6개 부족이 연합해 국가를 건설하여 자연스럽게 이들의 중심이었던 서라벌(지금의 경주)을 도읍지로 정하였습니다. 그 후 서라벌(경주)는 통일 신라 시대까지 약 1000년 간 수도로 발전하였지요. 그리하여 경주는 도시 전체가 신라 시대 유적이라 해도 과언이 아닐 만큼 유물과 유적지가 많답니다. 이 역사적 가치를 인정받아 경주 역사 유적 지구는 유네스코 세계 문화 유산으로 등록되기도 하였어요.

세 나라 도읍지들의 공통점이 무엇이었는지 생각해 봅시다.

문제 풀이

1 (가)~(다)의 지도를 시대순으로 옳게 연결한 것은?(   )

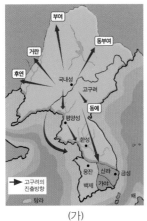

(가)

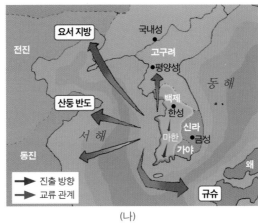

(나)

(다)

① (가)–(나)–(다)

② (가)–(다)–(나)

③ (나)–(가)–(다)

④ (다)–(나)–(가)

2 다음 인물들의 공통점으로 가장 적절한 것은?(   )

광개토대왕

장수왕

근초고왕

진흥왕

① 모두 고구려의 국왕들이다.

② 외국과의 무역을 통해 경제를 강화시켰다.

③ 자신의 국가를 가장 번성하게 한 왕들이다.

④ 새로운 법률을 만들고 교육 기관을 확충하였다.

정답과 해설은 140쪽에 있습니다.

4 신라의 삼국 통일

학습내용 : 선덕여왕, 김춘추, 김유신, 계백, 을지문덕 등을 중심으로 삼국의 통일 과정을 이해한다.

① 선덕여왕, 통일의 기반을 마련하다

신라 진평왕이 왕위를 이을 아들이 없이 죽자 **선덕여왕**은 왕위에 올라 **우리나라 최초의 여왕**이 되었어요.(632년) 선덕여왕은 먼저 전국에 관리를 보내어 다스리도록 하고, 흉년으로 어렵게 생활하는 백성들을 구하였어요. 또한 지방 백성들의 생활을 안정시키기 위해 세금 일부를 면제해 주기도 했지요.

선덕여왕

나라 밖으로는 해마다 당나라에 사신을 보내는 등 긴밀한 외교 관계를 유지했어요. 그러나 고구려, 백제와는 영토분쟁으로 늘 전쟁이 잦았지요. 642년 백제에게 서쪽 국경을 빼앗기자 선덕여왕은 김춘추를 고구려에 보내 도움을 요청했으나 거절당했죠. 그러자 선덕여왕은 당나라와의 외교를 강화하여 백제와 고구려의 침략을 막았답니다.

선덕여왕은 신라의 문화 발전에도 많은 노력을 기울였어요. **633년 동양 최초의 천문대인 첨성대를 세우고,** 많은 절을 세우기도 했지요. 또 당나라의 선진 문화를 받아들여 신라 문화를 발달시켰어요. 645년에는 고구려와 백제의 침략으로부터 나라를 지키려는 정신과 삼국 통일의 소

망을 담아 **황룡사 9층 목탑**을 세우기도 하였답니다.

선덕여왕이 왕으로 있는 동안 신라는 고구려와 백제의 계속되는 침입으로 매우 혼란스러웠어요. 그러나 김춘추, 김유신 등의 도움으로 백성들에게 어진 정치를 베풀고 나라를 지키며 삼국 통일의 기반을 마련하였지요.

첨성대(경북 경주)

황룡사 9층 목탑(복원 모형)
아파트 30층 규모인 80m높이의 거대한 목탑이었으나 고려시대 몽골의 침입으로 불타 없어졌어요.

② 삼국 통일의 영웅, 김춘추와 김유신

김춘추(태종 무열왕)

김춘추는 웅변에 능하고 외교 능력이 뛰어나 선덕여왕 때 신라의 외교관으로, 여러 차례 수나라와 당나라에 다녀왔어요. 김춘추는 당나라에 건너가 백제를 공격하기 위한 군대를 요청해 당나라 황제로부터 군사 지원을 약속받았답니다(649년).

두 번째 여왕인 진덕여왕에 이어 김춘추는 왕위에 올랐어요(654년). 그가 **태종 무열왕**이랍니다. 왕위에 오른 다음에는 법을 새로 정비하고 왕권을 강화하였으며 이를 바탕으로 백제와 고구려를 공격하였죠. 또한 김춘추는 당나라에 군사를 요청하여 당나라와 함께 본격적인 백제 정벌에 나섰고 의자왕의 항복을 받

태종 무열 왕릉비(경북 경주) 머릿돌과 받침돌만 남아 있답니다.

아내어 결국 **백제를 멸망시켰어요**(660년). 비록 삼국 통일은 그의 아들 문무왕 시대에 이루어졌지만 삼국통일의 시작은 김춘추 즉, 태종 무열왕의 공이었답니다.

한편, 금관 가야의 왕족이었던 **김유신**은 가야가 신라에 항복할 때 신라의 진골 귀족 가문이 되었지요. 용맹과 지략이 뛰어난 김유신은 15세 때부터 **화랑이 되어 활약**하였어요. 학문이 깊고 무예가 뛰어난 그는 신라의 오랜 꿈인 삼국 통일을 위해 의지를 키워나갔답니다.

결국 그는 **신라군의 총사령관**으로 당나라군과 연합하여 백제를 멸망시키고, 이어 고구려도 멸망시켰죠. 이후 당나라가 신라마저도 정복하려 하자, 김유신은 예전의 고구려, 백제 출신 사람들과 힘을 합쳐 이를 물리침으로써 **삼국 통일을 이룩**하였답니다.

김유신

김유신이 가야의 왕족이었다니! 비록 가야는 망했지만 신라와 하나가 되어 신라 발전에 큰 역할을 하였구나.

김유신 묘(경북 경주)

③ 백제의 마지막 혼, 계백 장군

계백은 백제 말의 장군입니다. **계백 장군**이 살던 당시 백제는 동맹국이었던 신라에게 배신을 당해 한강 유역을 빼앗긴 상태였고, 의자왕이 나라를 잘 다스리지 못해 힘이 약해져 있을 때였어요.

계백 장군

이러한 때를 틈타 신라가 당나라와 힘을 합쳐 백제를 멸망시키고자 쳐들어왔지요. 계백은 마지막 남은 **5천여 명**의 백제 군사들을 이끌고 **5만의 신라군**을 맞아 황산벌로 나가 **싸웠어요.** 계백은 싸움터에서 군사들에게 전쟁의 승리는 군사 수가 많고 적음에 있는 것이 아니라 정신력에 있다며 군사들의 용기를 북돋아 주었어요. 백제군은 김유신이 이끄는 5만의 신라군과 네 차례의 싸움에서 모두 이겼어요.

계백 장군 묘(충남 논산)
계백 장군의 묘라 전해지고 있어요

계백 장군 전투 모형(충남 논산 군사박물관)

그러자 신라군은 반굴과 관창이라는 두 어린 화랑을 전투에 내보냈어요. 계백은 먼저 공격해 온 화랑 반굴을 죽이고, 홀로 공격해 온 관창을 사로잡았어요.

어린 관창의 용기를 높이 산 계백은 여러 번 그를 살려 보냈으나, 관창이 계속 공격해 오자 할 수 없이 관창을 죽여서 신라 진영으로 돌려보냈지요. 그러자 두 화랑의 용기있는 죽음을 보고 분노하여 사기가 오른 신라군은 총공격을 펼쳤어요.

5만의 신라 대군과 대적하기에는 백제군의 숫자가 너무 적었어요. 결국 계백 장군과 5천결사대는 모두 죽었고, 백제는 멸망하고 말았지요(660년). 훗날 사람들은 백제가 망할 때까지 충절*을 지킨 계백의 행동을 높이 평가하여 '나라와 더불어 죽은 장군'이라며 칭송하였습니다.

충절
충성스럽고 강직한 태도

계백 장군과 5천결사대(충남 부여 부소산성)
계백 장군이 5천여명의 군사로 신라와 싸운 전투의 모형물입니다.

④ 고구려, 연개소문의 집안싸움으로 멸망하다

강경
양보나 굽힘이 없이 힘있고 꿋꿋함

고구려의 최고 권력자였던 연개소문은 당나라에 대해 강경*한 정책을 펼쳤어요. 연개소문은 고구려가 당나라에 결코 뒤쳐지는 나라가 아니라 생각하고, 당나라를 섬기기를 거부했지요. 이에 당나라는 고구려를 침략하여 처음에는 전쟁에서 이길 듯했지만 크게 패하고 말았지요.

연개소문은 백제와 연합하여 신라를 공격하기도 했어요. 고구려와 백제의 침입을 받은 신라는 위기를 느끼고 김춘추를 고구려에 보내 화해를 청했지만 그는 신라가 빼앗은 고구려의 영토를 다시 내놓으라며 이를 거절했어요.

아래 칼을 들고 싸우는 사람이 연개소문이에요.

안시성 전투에서 패배한 이후 당나라는 신라와 함께 먼저 백제를 공격하여 멸망시키고, 고구려를 공격하는 전략을 폈지요. 마침내 백제가 신라와 당나라의 연합군에 의해 멸망한 후, 얼마 뒤 연개소문이 죽고 말아요(665년).

연개소문의 뒤를 이어서 그의 큰아들 남생이 최고 권력자가 되었습니다. 그러나 연개소문이 죽으면서 그의 세 아들 사이에 틈이 생깁니다. 큰 아들 남생과 나머지 아들인 남건, 남산 간의 다툼이 생긴 거지요.

형제 간의 권력다툼에서 패한 큰 아들 남생이 당나라로 도망가자, 당나라는 고구려의 지리와 군사 배치를 잘 아는 남생을 앞세워 고구려를 공격하였어요. 결국 고구려도 신라와 당나라의 연합군에게 멸망하고 말았지요(668년). 이로써 만주 벌판을 달리며 크게 기상을 떨쳤던 고구려가 망하고, 그 땅은 당나라와 신라에 의해 나눠지게 되었어요.

연개소문 대동강 전투(민족기록화)

더 알아보기

연개소문

연개소문은 수염이 길고 몸집이 크며 칼을 5자루나 차고 다녔다고 해요. 사람들이 감히 똑바로 쳐다보지 못할 정도로 위엄이 있었다고 전해집니다. 그는 뛰어난 군사 지도자로 당나라와의 전쟁을 고구려의 승리로 이끌기도 하였지요. 후에 역사학자인 박은식은 『연개소문전』에서 그를 나라를 지킨 영웅으로 평가합니다. 그러나 김부식은 『삼국사기』에서 왕을 죽인 반역자에 결국 고구려를 멸망하게 만든 인물로 평가하기도 하지요. 과연 여러분은 연개소문에 대해 어떻게 평가를 하겠습니까?

탐구 활동

가장 뒤늦게 발전한 신라가 삼국 통일을 할 수 있었던 까닭은 무엇일까요?

신라는 삼국 중 가장 늦게 발전했지만, **화랑 제도를 정비**하여 김유신과 같은 유능한 인재들을 키워나가고, 나라의 힘을 하나로 모았답니다. 화랑 제도를 중심으로 전쟁에서 반드시 승리하겠다는 강한 정신력과 애국심을 키워나갔죠. 백제 의자왕이 충신들의 말을 무시하고, 고구려 연개소문의 아들들이 서로 다투어 혼란스러웠던 것과 비교되는 모습이에요.

또한 신라는 백제, 고구려가 **한강 유역을 차지**하고 있고 한반도 동남쪽에 치우쳐 위치하고 있어서 중국과 교류하기가 쉽지 않았어요. 그래서 새로운 문물과 불교를 받아들이는 것도 가장 늦었지요. 진흥왕이 한강 유역을 차지한 후에는 중국으로 가는 바닷길을 확보할 수 있게 되었고 당나라와 동맹을 맺게 되는 계기가 되었답니다.

이 밖에도 신라가 삼국 통일을 할 수 있었던 이유들이 무엇이었는지 생각해 봅시다.

더 알아보기

바다를 주름잡은 청해진 대사, 해상왕 장보고!

한국, 중국, 일본 세 나라의 역사서에 모두 기록된 국제적인 인물이 통일 신라 시대에 있었어요. 바로 동아시아의 바다를 주름잡았던 **장보고**랍니다. 본명은 궁복으로 '활을 잘 쏘는 사람'이라는 뜻을 지녔어요. 전라남도 완도에서 태어난 장보고는 어려서부터 무예와 통솔력이 뛰어났어요. 그러나 천한 신분으로 태어난 그는 엄격한 신분 제도(골품제)를 지닌 신라를 떠나 친구와 함께 당나라로 건너가 실력으로 당나라의 군인이 되었답니다.

당나라에서 활약하던 장보고는 해적들에게 당나라까지 잡혀와 노예로 비참한 생활을 하고 있는 신라인들을 보았어요. 그는 해적을 무찌르겠다고 결심하고, 당나라의 관직을 버리고 신라로 돌아왔지요. 신라로 돌아온 장보고는 흥덕왕을 찾아가서 해적을 막아야 한다고 주장하고 1만여 명의 군사를 얻어 완도에 해군 기지인 **청해진**을 설치하였어요. 그 뒤 **'청해진 대사'**로 불린 장보고는 해적들을 소탕하였고, 덕분에 해적들은 자취를 감추게 되었답니다.

강력한 군대와 막대한 부를 축척한 장보고의 세력은 신라의 왕권 싸움에 관여할 정도로 커지게 되었는데, 이에 두려움을 느낀 중앙 귀족들이 보낸 자객에게 안타깝게도 살해되고 맙니다.

1 밑줄 그은 '**나**'의 활동을 알 수 있는 비석으로 옳은 것은?(　　)

> **나**는 활발한 정복 활동을 펼친 왕이오. 인재를 키울 목적으로 화랑도를 국가적인 조직으로 만들고, 불교를 정비하여 백성들의 마음을 하나로 모았소. 또 백제가 차지하고 있던 한강 유역까지 빼앗았고, 대가야를 정복하여 낙동강 서쪽까지 차지하였소. 새로이 정복한 땅에는 순수비를 세워 나의 업적을 널리 알렸다오.

① 중원 고구려비

② 사택지적비

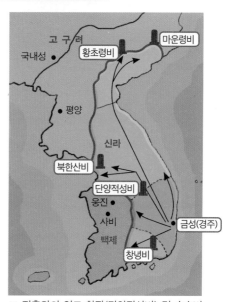

※ 진흥왕의 영토 확장(단양적성비) 및 순수비를 세운 위치

③ 북한산순수비

④ 광개토대왕비

정답과 해설은 141쪽에 있습니다.

5 삼국과 통일 신라의 문화

학습내용 : 유물과 유적을 통해 삼국, 통일 신라 시기의 사람들의 생활 모습을 파악한다.

① 무덤에 그림을 그린, 고구려

무용총 수렵도

옛 무덤의 벽면에 그린 그림을 고분 벽화라고 하는데 **고구려의 고분 벽화**는 매우 유명해요. 고구려 고분 벽화의 선과 색은 마치 살아 움직이는 것 같은 패기와 박력을 느끼게 하지요. 무용총의 수렵도는 바로 눈앞에서 말을 타고 달리는 고구려 무사의 모습을 보는 듯한 느낌을 준답니다. 고분 벽화는 고구려 영토였던 중국의 집안과 평양, 황해도 지역에 많이 남아 있지요.

총
총은 무덤을 뜻합니다.

무용총 시녀도

무용총*의 수렵도에서 활로 사냥을 하는 그림은 당시 사냥을 즐겨하던 풍속을 잘 나타내고 있어요. 또한, 무용을 하는 그림은 음악과 춤을 즐기는 고구려 사람들의 생활상을 보여주지요. 안악3호분의 대행렬도 역시 당시 고구려인의 모습을 생생하게 보여주고 있답니다. 이 밖에도 벽화에는 씨름을 하는 모습, 시녀가 음식을 옮기는 모습 등 당시 사람들의 생활 모습을 알게 해주는 많은 고분 벽화들이 있답니다.

고구려 고분 벽화는 고구려 사람들의 당시 생활모습을 생생히 보여준다는 점과 뛰어난 그림 솜씨 때문에 세계 문화 유산으로 지정되어 널리 알려져 있지요.

고구려 고분 벽화

고구려의 고분, 즉 무덤은 돌로 방을 만들고 그 위에 흙을 덮어 둥근 모양으로 덮었습니다. 무덤 내부인 방의 벽과 천장에는 벽화를 그리기도 하였어요. 고구려 고분 벽화는 당시 고구려 사람들의 생활, 문화, 종교 등을 파악할 수 있는 귀중한 자료예요.

강서 대묘 현무도
거북의 몸통을 크게 휘감아 올라 뱀을 쳐다보고 있어요.

무용총 가무도

씨름하는 모습(각저총)

안악 3호분 대행렬도(복원)
무덤 주인의 행차를 호위하면서 행진하고 있다.

② 금속 공예의 달인, 백제

　백제는 일찍이 중국의 발달된 문물을 받아들이면서 예술적 솜씨가 돋보이는 문화를 남겼어요. 벽돌로 만든 무덤인 **무령왕릉**과 백제의 미소로 불리는 서산 마애 여래 삼존상, 우리나라에서 가장 큰 **미륵사지 석탑**과 **정림사지 5층 석탑**, 그리고 백제금동대향로는 백제인들의 뛰어난 공예 기술과 예술적 수준을 잘 보여 주고 있답니다.

　그 중에서도 특히 충남 부여에서 출토*된 금동대향로는 만들 때 금속을 녹여 붙인 부분이 네 부분 밖에 없어요. 정교한 그 모습을 통째로 만드는 기술을 가지고 있었던 것이지요. 이러한 금동대향로는 백제 문화의 결정체로 정교함과 조형미*에 있어서 동아시아 금속공예품 중에 최고라는 평가를 받고 있어요.

출토
땅에 파묻혀 있던 물건이 땅속에서 밖으로 저절로 드러나거나 파서서 나옴

조형미
어떤 물건의 만들어진 형태에서 느껴지는 아름다움

정림사지 5층석탑(충남 부여)

미륵사지 석탑(전북 익산)
일제강점기 때 시멘트 등을 이용하여 복원하였는데, 현재 다시 복원 중에 있어요. 복원 과정에서 많은 유물이 출토되었어요.

무령왕릉 모형(충남 공주)

마애 여래 삼존상(충남 서산)
미소 띤 얼굴 모습으로 인해 흔히 '백제의 미소'라 불려요.

백제 금동대향로

충청남도 부여에서 출토된 백제의 향로예요. 높이 64cm, 무게 12kg
이나 되는 대형 향로로, 향을 피우는 그릇이죠. 예로부터 우리 조상들
은 나쁜 냄새를 제거하고 부정을 없애고자 향을 피웠다고 합니다. 몸
체는 활짝 피어난 연꽃 모양이며, 연잎의 표면에는 불사조와 물고기,
사슴, 학 등 26마리의 동물이 배치되어 있어요.
백제 금동대향로는 산들이 입체적이고 사실적으로 표현되어 있고 중
국 향로를 뛰어 넘는 백제만의 예술적 감각과 독창성이 돋보이는 문화
재로 백제 사람들이 꿈꾸는 이상 세계를 나타내고 있답니다.

백제 금동대향로 / 부분 모습

③
정교한 세공 기술과 화려한 장식의 신라 금관

신라 황남대총 금관(경북 경주)

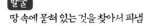
발굴
땅 속에 묻혀 있는 것을 찾아서 파냄

신라의 금관은 그 아름다움은 말할 것도 없고 정밀한 제작 기술이나 발굴*된 숫자 면에서 매우 특별한 점이 있어요. 바로 전 세계에서 발굴된 고대 금관 가운데 반 이상이 신라의 것이라는 점이죠. 그 화려한 모습과 제작 기술은 전 세계 어떤 금관과 비교해도 전혀 뒤쳐지지 않으며 얼마나 기술이 뛰어났는지 잘 보여주고 있답니다.

그런데 이런 금관이 지역적으로는 신라에만, 시기적으로는 5세기부터 7세기까지만 나타났다는 점이 신기합니다. 말할 수 없이 화려한 금관이 이렇게 나타났다가 사라져버린 것이에요. 가야 지역에서도 금관 혹은 금동관이 발견되었지만 완성도 면에서 볼 때 신라의 금관들을 따라오기는 힘들어요.

신라의 무덤에서 발견된 금관과 금제 장식품들은 신라의 금을 다루는 기술이 얼마나 훌륭하였는지를 잘 보여주고 있어요.

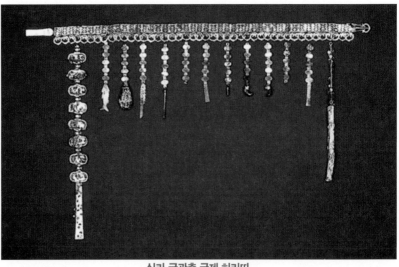
신라 금관총 금제 허리띠

④ 부처님의 나라 신라, 불국사와 석굴암을 만들다

(1) 부처님의 나라, 신라

통일 신라의 문화는 사회의 안정과 번영을 기반으로 하여 삼국의 수준 높은 문화유산을 하나로 모았어요. 즉, 고구려와 백제의 우수한 기술과 신라의 예술성을 조화시켜 통일 신라만의 찬란한 문화를 이룩한 거예요. 통일 신라 시대는 불교가 일반 백성들에게까지 널리 퍼지며

불국사(경북 경주)

불교 문화가 크게 발달하였고, 그 대표적인 유적이 바로 **불국사와 석굴암**이랍니다.

불국사는 8세기 중엽 건립된 절로 신라인들의 정신 세계가 잘 드러나 있는 곳이에요. 절 안에는 우리나라의 가장 대표적인 석탑으로 통일신라 미술의 아름다움을 보여주는 **다보탑과 불국사 3층 석탑(석가탑)**이 마주 보고 서 있답니다. 다보탑은 특수한 모양의 탑을, 석가탑은 우리나라 일반적 모양의 석탑을 대표한다고 할 수 있어요.

불국사 3층 석탑(석가탑)

불국사 다보탑

석굴암 축소 모형(국립 중앙 박물관)

석굴암은 통일신라 혜공왕 때인 774년에 완성되었으며, 불국사 위편 토함산 중턱에 화강암을 파내어 굴을 만들고, 내부공간에 부처님 불상인 석가여래불상을 중심으로 그 주위 벽면에 여러 불상을 조각해 만들었어요.

석굴암 석굴은 신라 불교 예술의 최고 걸작으로 건축, 수학, 종교, 예술 등이 유기적으로 결합되어 있어 더욱 돋보입니다. 불국사와 석굴암은 유네스코 세계 문화 유산으로 같이 등록되었죠.

(2) 서역과 활발하게 교류하다

신라는 당나라와 교류를 통해 당의 선진 문화와 서역 문화까지 받아들였으며, 당으로부터 '군자의 나라'로 불렸지요. 통일 신라 시기는 **당, 발해, 일본뿐만 아니라 아라비아 상인들과도 국제 교역**을 하였어요.

당시 아라비아 상인들이 가져온 물품은 유리 그릇, 후추와 같은 향신료, 양탄자 등이었어요. 아라비아 상인들은 울산항을 통해 위와 같은 물품들과 진귀한 보석 등의 남방 물품을 들여왔는데 신라 귀족들에게 인기가 높았다고 해요.

선생님 질문있어요

삼국 시대에는 중국, 일본 등과 활발한 교류가 있었다는데 어떻게 말이 통했어요? 그 당시에 사전도 없었을텐데...
중국, 일본과의 외교에서는 통역관을 사용했습니다. 삼국은 중국어를 따로 교육하는 기관이 있었고요, 일본어도 국가적 차원에서 교육시킨 경우가 있었습니다. 이들이 따라 다니며 통역을 했지요.

선생님 질문있어요

서역이 어디예요?
중국의 서쪽에 있던 여러 나라를 통틀어 가리키는 말이에요.

서역적 요소를 가진 신라 문화재

경주 계림로 보검(국립 경주 박물관)
신라보검이라고도 하는데, 형태와 장식의 수법이 서역의 칼과 같아 서역에서 온 것으로 추정합니다.

괘릉 무인상(경북 경주)
터어번과 수염, 코가 크고 눈이 깊은 서역인의 모습이에요.

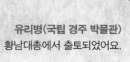

유리잔(서역에서 전해온 것으로 전해집니다.)

유리병(국립 경주 박물관)
황남대총에서 출토되었어요.

⑤ 삼국의 문화, 일본에 전해지다

태자
왕의 자리를 이을 왕의 아들

조선술
배 만드는 기술

축제술
둑 쌓는 기술

회화
여러 가지 색깔이나 선으로 그리는 그림

천문
우주의 해와 달, 별의 움직임을 연구하는 것.

삼국의 문화는 일본 고대 문화의 성립과 발전에 큰 영향을 끼쳤어요. 특히, 삼국 중에서 일본과 가까웠던 백제가 문화를 일본에 전해주는데 가장 크게 기여하였답니다. 4세기에 일본의 태자*에게 한자를 가르쳤고, 뒤이어 아직기 등이 『천자문』과 『논어』를 전하기도 하였어요.

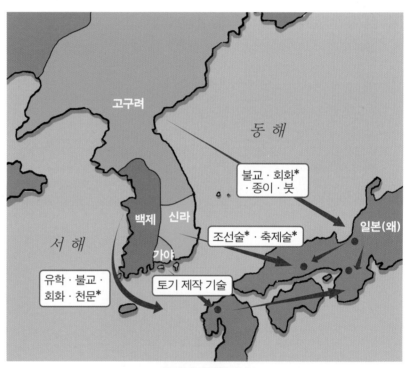

삼국문화의 일본 전파

이렇게 전래된 백제 문화가 큰 영향을 준 일본의 유물들이 많아요. 특히, 일본이 세계적으로 자랑하는 고류사 미륵보살 반가사유상과 호류사 백제 관음상이 그것입니다. 이 밖에도 백제의 학자와 화가, 기술자들이 일본으로 건너가 일본 목탑 건설에 크게 기여하였어요.

우리나라 국보 제 83호 금동 미륵보살 반가사유상(국립 중앙 박물관)
부처가 무엇인가 생각을 하는 모습을 보여주고 있어요. 삼국 중 어느 나라에서 만들어졌는지 확실하지 않아요.

고구려 고분 벽화(좌)와 일본 고분 벽화(우)
그림을 그린 방식과 인물의 옷, 모습 등이 거의 같은 두 그림을 통해 고구려와 일본의 문화교류를 알 수 있어요.

일본 호류사 금당 벽화
이 벽화는 610년 고구려의 담징이라는 스님이 그렸다고 전해져요.

고구려는 7세기 초에 종이와 먹의 제조 방법을 일본에 전해주었어요. 또한 고구려 사람들의 그림 그리는 솜씨는 일본에 많은 영향을 주었지요. 고구려 고분 벽화의 나들이 하는 귀부인과 일본 고분에 그려져 있는 나들이 하는 여인들은 마치 같은 화가가 그린 것 같은 느낌을 줍니다.

일본 고분 벽화의 여인들 복장은 고구려 여인들의 치마와 거의 같은 것을 알 수 있죠. 치마의 주름과 움직임을 표시한 것과 여인의 머리 앞쪽을 올려서 뒤쪽에서 묶은 것은 고구려의 풍속과 같은 것이랍니다.

한편, 신라는 일본과 문화 교류는 적었지만, 배 만드는 기술과 제방 쌓는 기술을 전해 주었어요. 그리고 신라의 칼은 일본에서 큰 인기를 끌었답니다.

이처럼 삼국의 문화는 6세기경 일본의 역사와 문화 형성에 큰 영향을 끼쳤어요.

일본 국보 제1호 목조 미륵보살 반가사유상(고류사)

삼국 문화의 특징을 비교해 봅시다.

"씩씩하고 힘찬
기상과 정열이 넘쳐나요"

고구려의
문화

광개토대왕릉비

무용총 수렵도

무용총 가무도

장군총

"우아하고 세련된 섬세함이 느껴져요."
"백제의 문화는 일본 문화에도
많은 영향을 주었대요"

백제의
문화

마애 여래 삼존상

정림사지 5층 석탑

통일신라의
문화

"고구려의 씩씩함과 백제의
우아함을 모두 지니고 있구나"

불국사 3층 석탑

불국사 다보탑

석굴암 석불

문제 풀이

1 다음의 문화재를 남긴 나라의 문화를 대한 설명으로 옳은 것은?(　　)

무령왕릉에서 출토된 돌로 만든 짐승(진묘)

① 섬세하고 세련된 우아한 멋을 지녔다.

② 대표적인 유물로 고분 벽화의 그림들이 유명하다.

③ 씩씩하고 굳센 기상을 엿볼 수 있다.

④ 고분에서 나온 금관을 통해 호화스럽고 화려함을 알 수 있다.

2 (가)에 들어갈 문화유산으로 옳은 것은?(　　)

경주 역사 유적 지구를 찾아서 여행을 떠나는 나는 이곳에서 많은 문화재를 보았다. 자 이제부터 그 문화재들을 감상해 보자.

첨성대

(가)

①

②

③

④

정답과 해설은 141쪽에 있습니다.

6 발해의 건국과 발전

학습내용 : 대조영을 중심으로 발해의 건국과 발전을 이해하고, 유물과 유적을 통해 발해의 문화를 파악한다.

① 고구려의 후예, 대조영 발해를 세우다

고구려가 멸망한 후 고구려 유민들은 여러 갈래로 나누어지게 되었어요. 일부 귀족들은 당나라로 끌려가기도 하였으나, 대부분의 많은 유민들이 당에 적극적으로 대항하였어요.

그러한 가운데 당의 횡포에 시달리던 거란의 추장이 반란을 일으키자, 고구려 유민인 대조영은 이를 틈타 고구려인과 말갈인들을 이끌고 옛 고구려 땅으로 이동하였어요. 대조영은 추격해 오는 당나라 군대를 무찌르고 고구려 유민과 말갈인을 모아 동모산에 도읍을 정하고 발해를 세웠답니다(698년). 발해의 건국으로 우리 역사는 남쪽 통일 신라와 북쪽 발해가 마주 대하는 시대를 이루게 되었어요. 이를 '남북국 시대'라고 부른답니다.

대조영

발해는 분명히 **고구려의 뒤를 이은 나라**였어요 우선 발해를 건국한 대조영을 비롯하여 많은 발해의 지배층이 고구려의 왕족, 귀족 출신이었어요. 발해의 관리들 중에 가장 많은 수를 차지했던 사람들이 고구려 왕족이었던 고씨였던 것이 그 증거이지요. 또한 발해는 일본에 보낸 외교 문서에 발해를 고(구)려로, 발해왕을 고(구)려국왕으로 칭하여 고구려 계승 의식을 분명히 하였답니다.

② 동쪽의 융성한 나라, 해동성국을 이루다

건국 후, 발해는 고구려를 멸망시킨 당과 신라에 대해 적대적일 수밖에 없었어요. 그래서 발해는 북쪽으로는 돌궐, 바다 건너는 일본과 친선 관계를 맺었어요. 이 때 일본 국왕은 발해 사신들을 극진히 대접하고, 그들을 일러 '고구려 사절'이라 하며 발해가 고구려의 후예임을 인정하였답니다.

당은 신라와 말갈을 이용하여 발해를 견제했기 때문에, 발해 무왕은 당나라를 먼저 공격하기도 하였어요. 그 후, 문왕 때에는 대외 정책을 바꾸어 당과 친선 관계를 맺고 당의 발달한 문물제도를 받아들이는 데 힘을 기울였어요. 이 무렵에는 발해와 신라 사이에도 교류가 이루어지기도 하였어요. 신라가 발해에 사신을 보냈으며, 신라 국경에서 발해의 도시 동경까지 사신을 위한 역*이 설치되어 있었답니다.

전성기 발해 영역

역
공문서를 중간에서 이어 전달하고, 공무로 다니던 벼슬아치들에게 말을 제공하던 곳

복속
복종하여 따름

발해가 가장 발전했던 시기는 9세기 선왕 때였어요. 이 무렵 발해는 당에 유학생을 보내어 당의 제도와 문화를 받아들였지요. 한편 말갈의 여러 부족을 복속*시키고, 서쪽으로는 요동 지방에까지 진출하여 고구려의 옛 땅을 대부분 되찾았답니다. 그리하여 당시 중국에서는 발해를 '바다 동쪽의 융성한 나라'라는 뜻을 가진 '해동성국'이라고 불렀어요.

발해 상경용천부(중국 헤이룽장성)
발해의 행정구역인 5경의 하나로 멸망할 때까지의 수도였어요.

③ 발해의 문화 고구려를 계승하다

발해는 고구려 문화를 기반으로 독창적인 문화를 만들어 갔어요. 발해 땅에 남아있는 유물들을 보면 이러한 점을 확인할 수 있지요.

먼저 발해와 고구려는 **무덤 양식**이 비슷해요. 발해의 지배층 무덤을 보면 고구려의 무덤을 만든 방법과 거의 비슷해요. 고구려와 마찬가지로 발해의 무덤은 넓적한 돌을 쌓아 방을 만들어 시체를 넣는 형태였답니다. 무덤의 천장 모양도 고구려의 무덤에만 나타나는 모양인 모줄임 양식을 하고 있어요.

발해 정효공주묘 내부와 천장 모양

모줄임 양식

고구려 기와

발해 석등
발해의 수도 상경에서 발견된 석등이에요. 만주 땅에 발해가 있었다는 사실을 보여주는 유물로 높이가 6.3m가 되는 거대한 석등이랍니다.

발해 기와

또한 **기와** 모양도 비슷해요. 삼국 시대에 고구려, 백제, 신라, 당, 일본은 서로 각기 다른 기와 모양을 가지고 있었어요. 그런데 발굴된 유물들을 보면 발해 기와와 고구려 기와는 그 모습이 거의 같아요.

그 뿐만 아니라 발해 집터에서 **온돌**을 사용한 흔적도 보여요. 온돌은 고구려에서 시작된 우리 민족의 전통적 난방 장치였죠. 즉 발해 사람들은 고구려의 기술을 많이 계승하였다는 것을 알 수 있답니다.

고구려계 사람들이 다스리던 발해는 말갈계 주민들의 문화와 당나라의 발달된 문화를 적극 받아들여 국제적이고 새로운 문화를 만들었어요. 무덤이나 기와, 온돌장치 등 고구려적인 모습도 있었으며 그릇과 같이 말갈인의 정서를 가진 것들도 있었답니다. 또한 발해는 수도를 당나라 수도인 장안성을 본 따서 만들기도 하였는데, 당시 동아시아에서 두 번째로 큰 도시였다고 해요.

발해 돌사자
정혜공주 무덤에서 발견된 것으로 발해의 강한 힘이 느껴져요.

탐구 활동

1 왜 발해는 고구려를 이은 국가인가? 함께 생각해 봅시다.

1
대조영을 비롯하여 발해의 지배층 대부분이 고구려 유민이었어요. 백성들 중에 말갈족도 많이 있었으나 역사 기록을 보면 고구려인들이 발해를 다스렸다고 나와 있어요.

2
발해가 일본 등에게 보낸 외교 문서에 발해가 고(구)려를 계승한 국가로 명확히 하고 있어요. 실제 외교 문서에 발해 스스로를 '고(구)려'로, 왕을 '고(구)려 국왕'으로 칭하고 있답니다.

3
기록에 남아있는 발해 사신의 성씨를 분석해보면 대부분 고구려 계통의 고씨와 대씨가 많았어요.

4
발해의 무덤양식, 돌사자, 기와 등의 생김새가 고구려의 유물의 모습과 비슷하다는 것을 발견할 수 있어요.

5
발해의 온돌 문화는 한민족의 고유 문화로 고구려 온돌 문화와 같답니다.

6
발해 초기의 성터를 살펴보면 산성과 평지성이 이어진 모습을 갖추고 있어요. 이러한 성은 고구려의 국내성, 환도 산성과 비슷한 방식이지요.

"발해 스스로가 고구려 후예라는 역사 의식을 가지고 있던 것처럼, 우리도 바른 역사 의식을 가지고 동북공정에 대한 역사 왜곡을 바로 잡아야해요 ."

2 동북공정이 무엇인가요?

중국의 동북공정은 중국의 현재 국경 안에서 펼쳐졌던 모든 역사를 중국 역사로 만들기 위한 연구예요. 그 중 하나가 과거 만주에서 활동하던 고구려, 발해를 중국의 속국으로 만들어 중국 역사로 넣으려는 역사 왜곡입니다. 결국 중국은 이웃 나라의 역사를 왜곡하여 중국을 빛내려는 속셈인 것이죠. 구체적으로 고구려와 수나라, 당나라 간의 전쟁은 중국 국내의 통일전쟁이었으며, 발해는 중국의 지방 지역이었다고 주장하고 있답니다.

1 (가) 국가에 대한 문화유산으로 옳은 것은?(   )

① 석등

② 금동대향로

③ 금동 미륵보살 반가사유상

④ 첨성대

2 발해에 대한 설명으로 옳지 <u>않은</u> 것은?(   )

① '동쪽의 융성한 나라'라는 해동성국이라 불리었다.

② 일본에 보낸 외교 문서에 스스로를 고(구)려라고 칭하였다.

③ 대조영이 세운 나라로 고구려의 기상과 문화를 이어갔다.

④ 삼국의 문화를 계승하여 민족 문화의 기틀을 이룩하였다.

돌사자

정답과 해설은 141쪽에 있습니다.

② 세계와 활발히 교류한 고려

학습내용 : 고려 시기의 역사를 인물의 활동을 중심으로 파악한다. 여러 차례의 외침을 극복하고 주변 국가와 활발히 교류한 고려의 문화 유산과 생활 모습을 이해한다.

1. 고려의 건국
2. 외적의 침략과 대응
3. 고려의 교역과 문화 교류
4. 고려의 문화와 과학

후삼국 통일
936년
왕건, 후삼국을 통일하다

거란의 침입
993년
서희, 담판으로 강동6주를 얻다

귀주대첩
1010년
강감찬, 거란을 크게 물리치다

별무반의 활약
1107년
윤관, 여진족을 물리치고 동북9성을 쌓다

무신정변
1170년
100년간 무신정권이 시작되다

신라 말 왕의 힘이 약해지면서 각 지방에서 호족 세력이 등장하게 되었어요. 후백제의 견훤, 후고구려의 궁예는 신라와 함께 후삼국 시대를 이끌었으나, 결국 궁예의 부하였던 왕건이 후삼국을 통일하고 고려를 건국하였어요. 고려의 역사는 거란·여진·몽골·홍건적·왜구 등 끊임없는 외세의 침입을 극복하며 이루어졌답니다. 주변 국가와 활발한 교역 및 문화 교류도 이루어져 아라비아 상인으로부터 '코리아'라는 이름으로 알려지기도 하였어요. 고려는 금속활자, 청자, 팔만대장경, 불교 미술과 같은 수준 높은 문화재를 남겼으며, 이를 통해 고려의 과학과 문화를 알아볼 수 있어요.

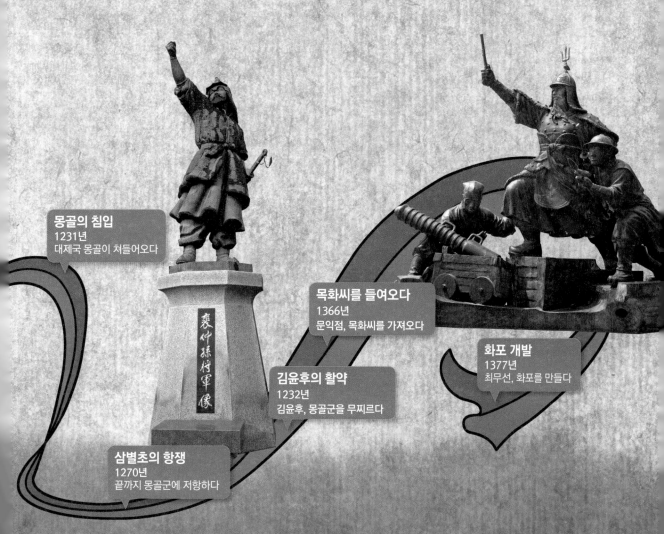

몽골의 침입
1231년
대제국 몽골이 쳐들어오다

목화씨를 들여오다
1366년
문익점, 목화씨를 가져오다

화포 개발
1377년
최무선, 화포를 만들다

김윤후의 활약
1232년
김윤후, 몽골군을 무찌르다

삼별초의 항쟁
1270년
끝까지 몽골군에 저항하다

① 고려의 건국

학습목표 : 고려의 성립 과정을 견훤, 궁예, 왕건 등의 활동을 통해 파악한다.

① 다시 삼국 시대가 시작되다

신라 말 귀족들 사이에 왕위를 두고 치열한 다툼이 벌어집니다. 당시 155년간 20명이나 되는 왕이 나왔다는 것만 봐도 왕위 다툼이 얼마나 치열했는지를 잘 알 수 있죠. 왕의 힘이 점차 약해지면서, 신라 말의 왕들은 나라를 제대로 다스리지 못하였죠.

이러한 때 지방에서는 **호족***이라는 새로운 세력이 등장합니다.

> **호족**
> 신라의 지방에서 경제적으로나 군사적으로 힘이 세었던 사람들로 일부는 신라 임금에게서 벗어나 독립까지 하였답니다.

견훤산성(경북 상주) 견훤이 쌓았다고 전해져요.

각 지역의 호족들은 점차 세력을 키워나가
면서 일부는 신라로부터 독립을 꿈꾸기도
합니다. 혼란한 시기에 고통 받던 농민들은
전국적으로 난을 일으켰고, 호족들은 이 때
를 틈타 자신들의 힘을 키워 나갔어요. 호
족들 중에 세력을 크게 모으고 마침내 새로
운 나라를 세우는 데 성공한 두 사람이 있
었으니 바로 견훤과 궁예입니다.

후삼국의 형세

신라의 군인이었던 **견훤**은 완산주(지금
의 전주)에 도읍을 정하고 백제를 잇는다는
의미로 **후백제**를 세웠어요(900년). 또한
신라 왕족 출신인 **궁예**는 오늘날의 강원도,
경기도 일대에 큰 세력을 형성하였어요. 그
는 왕건을 포함한 여러 호족들의 도움을
받아 송악(지금의 개성)을 근거지로 **후고구려**를 세우고 왕위에
오르게 됩니다(901년). 이렇게 후백제와 후고구려가 차례로 세워
지면서 후백제, 후고구려, 신라의 **후삼국 시대**가 펼쳐지게 됩니
다.

② 왕건, 왕이 되다

후고구려 건국 이후 궁예는 한 동안 올바른 정치를 펼쳤지만,
곧 자신이 사람을 구원하는 미륵불*로 사람의 마음을 읽을 수 있
다며 주변 사람들을 의심하기 시작하였어요. 그리고 정치를 잘못

> **미륵불**
> 미래에 올 부처로 많은 사람들을 구제
> 합니다.

고려시대 지도(5도 양계)

하여 백성들의 마음을 잃어 갔지요. 이에 신하들은 궁예를 내쫓고 왕건을 새로운 왕으로 모시게 되었어요. **왕건은 나라 이름을 '고려'로 고치고(918년), 개경(지금의 개성)을 도읍으로 삼았어요.**

고려를 세운 왕건은 후백제의 공격으로 쇠약할 데로 쇠약해 있던 신라를 지켜주었어요. 신라의 마지막 왕인 경순왕은 더 이상 나라를 이어갈 수 없음을 깨닫고 고려에게 나라를 바칩니다(935년).

손쉽게 신라를 얻은 왕건에게 다시 한 번 행운이 찾아옵니다. 후백제에서는 견훤과 그

금산사 미륵전(전북 김제)

의 큰아들인 신검 사이에 다음 왕을 정하는 일을 두고 다툼이 벌어졌어요. 아버지인 견훤의 마음이 동생에게 가있는 것을 안 신검이 견훤을 금산사에 가두고 왕위를 빼앗는 일까지 벌어졌죠.

견훤은 후백제를 탈출하여 왕건에게 귀순*하였고, 이 때를 노린 고려는 후백제를 공격하여 멸망시키고 마침내 **후삼국을 통일**하였답니다(936년).

왕건은 고구려의 옛 땅을 되찾고자 북쪽으로 나아가서 청천강에서 영흥만에 이르는 땅들을 차지하였어요. 또 오랜 전쟁에 지친 백성들에게 세금을 적게 매겨서 마음을 얻었지요. 그리고 지방 호족 세력과 발해의 유민을 고려라는 품 안으로 끌어들이려 노력하였어요.

이러한 노력으로 왕건은 고려를 건국하고 후삼국을 통일하였고, 발해 유민*까지 받아들여 정치적, 사회적, 문화적으로 하나를 이루게 됩니다.

왕건

귀순
반항하지 않고 다른 나라에 항복하는 것이에요.

유민
없어진 나라의 백성들을 뜻해요.

탐구 활동

1. 통일신라가 후삼국으로 나누어진 까닭은 무엇일까요?

당나라를 몰아내고 약 200년 간 평화로운 시대를 누리던 통일신라는 마지막에 후삼국으로 다시 나누어지게 되요. 후고구려(고려), 후백제, 신라의 후삼국 시대는 왕건에 의해 통일될 때까지 약 50년 간 지속됩니다.

궁예 도성 모형(철원군청)
궁예가 후고구려를 세우고 이 곳에 태봉국이라는 나라를 세우고 도읍을 만들었어요. 현재는 군사분계선(DMZ) 안에 있어 가볼 수 없습니다.

이 배경을 알아볼까요?

신라 말기, 귀족들 간의 권력 싸움이 벌어지고 왕권이 약화되었어요. 진골 귀족들 사이에는 힘만 있으면 누구나 왕이 될 수 있다는 생각이 널리 퍼졌고, 서로 왕권을 놓고 싸우기 바빴답니다. 당연히 백성들의 생활은 돌보지 않았고, 지나친 세금으로 살기가 어려워진 농민들은 토지를 잃고 노비가 되거나 산적이 되기도 하였어요. 결국 통일신라 곳곳에서 반란이 일어났고 지방은 그 지역의 호족들이 마음대로 다스리게 되었습니다.

이러한 신라 말의 혼란을 틈타 힘을 키워나가던 지방 호족인 견훤과 궁예는 자신을 왕으로 칭하고 후백제와 후고구려를 세우죠. 이에 따라 신라는 그 세력이 경주 일대로 줄어들어 다시 삼국이 존재하는 후삼국 시대가 펼쳐지게 된 것입니다.

2. 29명의 부인 : 왕건이 많은 부인을 둔 까닭은 무엇일까요?

완사천(전남 나주)
왕건은 고려를 건국하기 전 이미 나주 호족인 오씨의 딸과 결혼하였어요. 이 샘은 왕건과 오씨 여인이 만난 곳이에요.

후삼국을 통일한 고려 태조 왕건의 가장 큰 고민거리는 막강한 세력을 가지고 있던 호족들의 힘을 누르면서, 왕권을 강화하느냐 였어요. 왕건은 이 문제를 해결하기 위해 강력한 호족들과 결혼하는 정책을 썼답니다. 즉, 힘있는 호족들의 딸들과 결혼하여 친척 관계를 맺고 자신의 편으로 만든 것이죠.

문제 풀이

1 다음은 고려의 건국 과정에 관한 설명이다. 옳은 것을 〈보기〉에서 고른 것은?(   )

> 왕건은 원래 궁예의 신하로 나주를 점령하는 등 큰 공을 세워 시중이라는 높은 버슬에까지 올랐습니다. 하지만 궁예가 스스로 미륵불을 자처하며 잘못된 정치를 계속하자 궁예를 몰아내고 스스로 왕이 되었습니다.
> 왕건은 지방 호족들을 후하게 대접하여 자기편으로 만들었으며, 군대의 규율을 엄하게 하여 백성들에게 폐를 끼치지 않았으므로 곳곳에서 환영을 받았습니다.

보기

ㄱ. 왕건은 신하들의 도움으로 고려를 세우게 된다.

ㄴ. 왕건은 궁예를 신하로 삼아 자신의 부하로 둔다.

ㄷ. 왕건은 자신의 세력 기반인 개성(개경)을 도읍지로 삼는다.

ㄹ. 고려는 백제를 계승한다는 이유로 도읍을 웅진으로 삼았다.

① ㄱ, ㄴ   ② ㄱ, ㄷ   ③ ㄴ, ㄷ   ④ ㄷ, ㄹ

2 다음은 후삼국 시대 상황을 나타낸 지도 이다. (가) ~ (라)의 설명이 잘못된 것은?(   )

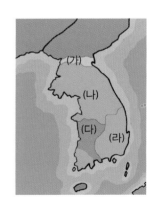

① (가)- 고려가 발해 유민을 받아들이면서 회복한 땅이다.

② (나)- 궁예를 몰아내고 왕건이 고려를 세웠다.

③ (다)- 견훤이 세운 후백제로 완산주(전주)에 도읍을 정하였다.

④ (라)- 신라는 화랑도를 정비하여 후백제를 정벌하였다.

정답과 해설은 141쪽에 있습니다.

2 외적의 침략과 대응

학습내용 : 외적의 침략과 이를 극복해 가는 과정을 조사한다.

章威公 徐熙先生

서희 동상(경기 이천)

① 서희와 강감찬, 거란을 물리치다

10세기 중국에는 송나라, 한반도에는 고려가 건국되었어요. 같은 때에 옛 발해의 땅에서는 거란족이 힘을 키워 요나라를 만들었지요. 거란은 송나라를 차지하고자 전쟁을 벌이고자 하였어요.

거란이 송나라로 쳐들어가는 데 가장 걸림돌이 되는 것이 바로 송나라와 친한 고려였지요. 고려는 일찍부터 송나라와 친한 관계를 맺고 있었고, 거란에 대해서는 발해를 멸망시킨 나라로 여겨 적대적인 태도를 보였지요.

결국 거란은 고려부터 먼저 정복하고자 하였어요. 거란은 고려에 송나라와의 관계를 끊고 발해가 망하고 차지한 한반도 북쪽 땅을 다시 돌려달라고 합니다. 고려에서 이 제안을 거절하자 거란 장수 소손녕은 80만 대군을 이끌고 고려로 쳐들어옵니다.

더 알아보기

서희의 담판

서희가 국서를 가지고 소손녕의 병영으로 걸어간다. 병영엔 거란의 군사가 가득하다.

소손녕 : (서희를 노려보며) 당신네 나라는 옛 신라 땅에서 건국하였다. 고구려의 옛 땅은 우리의 것이나 마찬가진데, 어째서 당신들이 침범하였는가?

서희 : (당당하게) 그렇지 않다. 우리가 바로 고구려의 후예이다. 그러므로 나라 이름을 고려라 부르고, 옛 고구려의 수도인 평양을 중요한 도시로 정한 것 아닌가?

이 때 고려의 신하 **서희**는 거란이 영토를 넓히려고 하기보다는 고려와 송나라의 관계를 끊고 싶어 한다는 것을 눈치 채고 소손녕을 만나러 갑니다.

서희와의 담판* 끝에 소손녕은 고려가 송나라와의 관계를 끊고 거란과 친하게 지내면 **강동 6주**를 고려의 땅으로 인정해 주고, 그만 물러가겠다고 하였지요(993년). 이렇게 서희의 지혜로운 외교로 고려는 위기를 무사히 넘겼어요.

담판
서로 맞서는 관계인 사람들이 모여서 의논하여 문제를 해결하는 것이에요.

그러나 여전히 고려는 송과의 관계를 끊고 거란과 교류할 마음이 없었어요. 그래서 다시 거란의 침입을 받게 되지요. 두 번째 침입 때 거란은 40만 대군이란 엄청난 군대로 쳐들어왔어요. 한 때 수도인 개경을 빼앗기고, 임금이 피란을 가기도 했지만, 거란과 다시 화해를 하고 그들을 돌려보냈지요.

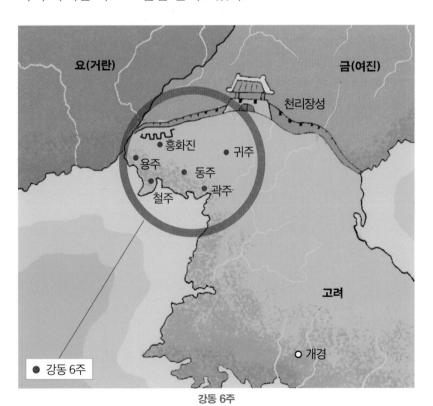

강동 6주

그 후로도 거란은 고려에게 자신들의 신하의 나라가 되라고 해 왔어요. 그 요구를 받아들이지 않자 세 번째로 고려에 쳐들어왔죠. 고려는 계속되는 침입에 준비를 철저히 하고 있었고, 명장 **강감찬 장군이 돌아가는 거란군을 귀주에서 크게 물리쳐서 살아 돌아간 수가 별로 없었다고 합니다(귀주대첩, 1018년).** 세 차례에 걸친 침입에도 별다른 성과를 못 얻은 거란은 다시는 고려를 침입하지 못하였어요.

더 알아보기

강감찬 장군과 낙성대

강감찬 장군의 탄생에 관한 이야기를 보면, 어떤 관리가 한밤 중에 큰 별이 현재 서울특별시 관악구 봉천동 일대의 어떤 집에 떨어지는 것을 보고 사람을 보내어 찾아보게 하였대요. 이 때 마침 그 집 부인이 사내아이를 낳았지요. 이 말을 듣고 관리가 신기하게 여겨 그 아이를 데려다가 길렀는데 그가 바로 강감찬이었다고 해요. 낙성대는 별이 떨어진 곳이라는 뜻으로 서울 지하철 2호선을 타고 낙성대역에 내리면 낙성대 공원에 서 있는 강감찬 장군의 동상을 만날 수 있답니다.

강감찬의 탄생지 낙성대

강감찬 장군

② 윤관, 여진족을 혼내주다

거란의 힘이 약해지자, 이번에는 여진족이 점차 강성하기 시작하여 나라 이름을 금이라 하였어요. 여진족은 원래 고려의 북쪽 지역에 살고 있었는데, 고려를 '부모의 나라'라 하여 섬기며 고려의 도움을 받아 살아가던 민족이었어요.

여진족은 본래 여러 부족으로 흩어져서 살고 있었는데, 이들이 점차 힘을 합쳐 금나라를 만들게 되면서 고려의 새로운 위협이 되었지요. 여진이 계속 고려의 국경을 위협하고, 국경 근처에 사는 백성들을 약탈하자 고려는 **윤관**의 지휘 아래 군대를 보내어 이들을 무찌르고자 하였어요.

하지만 여진족 군사들은 대부분이 말을 타고 다니는 기병이었는데, 고려 군사들은 기병보다는 걸어 다니는 보병 위주로 이루어져 있었어요. 여진족 군사들을 상대하기에 고려 군사들은 어려움이 많았죠.

이에 윤관은 **별무반***이라는 특별 부대를 만들어 여진 정벌에 나섰어요. 그 결과 국경 바깥의 여진을 물리치고, 그곳에 9개의 성(동북 9성)을 설치하였어요(1107년). 그러나 자신들의 땅을 빼앗아 가면 달리 살아갈 방법이 없다는 여진의 간절한 부탁을 받아들여 이 땅을 다시 돌려주었지요.

별무반
별무반은 말을 타는 군사인 신기군과 걸어다니는 군사인 신보군, 승려로 구성된 항마군으로 나누어진 새로운 군대였어요. 여진과의 사이가 좋아지면서 없어지게 되었답니다.

척경입비도(고려대학교 박물관)
윤관이 여진족을 물리치고 '고려의 땅'이라고 적은 비석을 세우는 장면이에요.

③ 승려 김윤후와 백성, 천민이 몽골을 물리치다

김윤후

13세기에 접어들면서 중국 대륙에는 커다란 변화가 일어났어요. 칭기즈칸이 몽골을 비롯한 주변의 다양한 부족을 통합하여 몽골 제국을 건설한 것이에요. 몽골 제국은 강력한 군사력을 바탕으로 끊임 없이 주위 나라들을 침략해 갔죠.

몽골은 중국으로 쳐들어가는 동시에 고려에도 항복하고 많은 선물을 바치라고 했습니다. 그러나 당시 고려를 이끌던 무신들은 몽골에 고개를 숙이려고 하지 않았어요. 결국 1231년 몽골은 고려를 침입해 옵니다. 40여 년 동안 이어졌던 기나긴 고려와 몽골 간의 전쟁이 시작되었답니다.

너무나 강력했던 몽골군과의 싸움을 피하기 위해 고려는 우선 몽골에 화해를 청합니다. 몽골은 화해를 받아들이고, 다루가치란 이름의 감독관들을 고려에 보내오죠. 고려는 이 틈을 노려 **수도를 개경에서 강화도로 옮기고**, 백성을 산성이나 섬으로 피란시킨 다음 전쟁과 외교를 계속해 나갔지요(1232년).

여러 차례에 걸친 침략을 막아내기에 힘이 부족했지만, 고려는 화해와 전쟁을 계속하면서 결코 몽골에 항복하지 않았어요. 그 중에는 몇몇 빛나는 승리들도 있었어요. 특히, 몽골의 두번째 침입 때 고려의 승려 **김윤후**가 **백성들과 함께 처인성(용인)에서 몽골 장수 살리타이와 싸워, 그를 죽여 몽골군이 물러가도록 하였죠**(1232). 김윤후의 공을 높이 사서 나라에서는 큰 벼슬을 내리려 하자 그는 자기

황룡사지 모형(국립 경주 박물관)

혼자만의 공이 아니라고 하여 처음에는 받지 않았다가 나중에 할 수 없이 작은 벼슬을 받았답니다.

강화에 있는 고려 궁궐터(인천 강화)

고려의 군인들과 일반 백성, 심지어는 노비들이나 산적들까지도 몽골의 침략에 맞서 싸운 결과, 고려는 막강한 몽골군을 상대로 오랜 시간 동안 버틸 수 있었어요. 그러나 계속되는 전쟁으로 대부분의 땅은 쓰지 못할 정도가 되었고, 많은 백성들이 몽골에 포로로 끌려가야만 했지요. 그리고 황룡사9층 목탑 등 많은 문화재가 불에 타 없어졌습니다.

결국 몽골과 끝까지 싸우자던 무신들이 힘을 잃고. 몽골에 항복하기로 결정이 내려지면서 고려는 몽골의 정치적 간섭을 받게 되었어요. 그러나 몽골에게 지배당한 다른 나라들과는 달리, 고려는 몽골의 직접적인 지배를 피할 수 있었어요. 이것은 고려의 끈질긴 저항이 안겨준 결과라고 할 수 있지요.

더 알아보기

100여 년 간의 무신정권기

고려 사회는 무신보다는 문신을 우대하는 사회였어요. 전통적으로 문을 높게 생각하고 무를 낮게 보았고, 과거 시험에도 무과는 없었으며 군대를 지휘하는 높은 벼슬은 문신들이 차지했었죠. 무신들은 오랫동안 계속되어 온 차별 대우와 문신 위주의 정치에 불만을 품었어요. 이에 정중부, 이의방 등의 무신들은 다수의 문신들을 제거하고 무신정권을 세우게 됩니다(1170년). 그 후로 정중부, 경대승, 이의민에 이어 최충헌이 권력을 잡게 되면서 60여 년 간 최씨 정권이 유지되었어요.

이 시기에는 임금 대신에 무신들이 나라를 다스리는 것과 마찬가지였죠. 최충헌의 아들 최우가 나라를 다스릴 때 고려는 몽골의 침입을 맞게 되고, 이후 몽골에 대항해 열심히 싸웠지만 결국 무신정권은 완전히 막을 내리게 되죠 (1270년). 무신들은 나라를 지키기 위해 노력한 점이 있지만, 백성들의 재산을 함부로 빼앗거나 세금을 가혹하게 매기며 자신들의 배를 채우기도 하였어요. 이러한 점 때문에 백성들로부터 많은 원성을 들어야 했죠.

④ 삼별초, 끝까지 저항하다

고려는 결국 몽골에 항복하고 수도를 강화에서 개경으로 다시 옮기게 됩니다. 임금 또한 강화에서 나와 개경으로 오게 되었지요. 하지만 고려의 특수 군대인 **삼별초**는 고려 정부가 몽골에 항복하였음에도 불구하고, 몽골에 대한 항전을 계속하였어요.

별초란 용감한 병사들만 따로 뽑아서 만들어진 강력한 군대였어요. 그들은 처음에는 **강화도**에서 몽골에 저항하다가 멀리 **진도**로 내려가서 전쟁을 계속했어요. 삼별초가 항쟁하는 동안 백성들도 전쟁 물자를 제공하며 이들을 지원하였죠. 그러나 삼별초는 몽골과의 전쟁을 끝내려는 임금의 뜻에 반기를 들고 있어났으므로 몽골군뿐만 아니라 고려군과도 싸워야만 하였죠.

삼별초는 진도에서 고려와 몽골 연합군에 맞서 3년 동안 싸웠으나 결국 패하고, 그 일부는 다시 **제주도**로 근거지를 옮겨 항쟁을 계속하다가 최후를 맞이하게 되었지요. 삼별초의 항쟁은 **고려인의 자주 정신**을 보여준 것이었답니다.

배중손 장군 동상(전남 진도)
삼별초를 이끌고 강화도를 출발하여 전라도 서남해안의 진도를
새로운 거점으로 정하고 항전을 계속하였어요.

더 알아보기

역사의 현장, 진도 용장산성

고려는 몽골과의 전쟁을 벌이기 위해 수도를 개경에서 강화로 옮겼어요. 그리고 오랜동안 삼별초가 중심이 되어 몽골과의 전쟁을 벌였으나, 결국 고려가 몽골에 항복을 하게 되지요. 그러나 배중손을 비롯한 삼별초는 왕족인 왕온을 왕으로 삼아 남쪽으로 내려와 이 곳에 궁궐과 성을 쌓고 몽골과의 전쟁을 계속하였답니다. 이 때 쌓은 성이 바로 용장산성이에요. 지금은 용장산 기슭에 약간의 성벽이 부분적으로 남아있으며, 성 안에는 용장사가 있던 절터와 궁궐의 자리가 남아있어요.

역사의 현장을 찾아서
– 삼별초의 흔적이 남아 있는 곳을 찾아봅시다.

무신 정권이 무너지고, 왕과 신하들이 개경으로 돌아온 후에도 끝까지 몽골에 저항했던 부대가 바로 삼별초예요. 이들은 몽골에게 항복한 왕을 인정하지 않고, 새로운 왕과 관리를 뽑아 또 하나의 고려를 세우고 몽골에 대항하였답니다.

강화도에서 싸우던 삼별초는 고려와 몽골의 연합군이 공격해오자 배를 타고 멀리 전라남도 진도로 근거지를 옮겨서 대항하였지요. 이 때 진도로 떠난 배가 1천 척이었다니 얼마나 규모가 컸는지 짐작이 가지요. 삼별초는 진도에 성을 쌓고 궁궐을 지었어요. 그리고 주변 지역과 제주도를 수중에 넣고 세력을 키워나갔어요. 그러나 진도는 결국 고려, 몽골 연합군에게 함락당하고 삼별초는 다시 제주도로 옮겨 항쟁하였답니다.

삼별초는 다시 제주도에 성을 쌓고 몽골에 대항하였지요. 삼별초는 있는 힘을 다하였으나 결국 제주도에서도 고려, 몽골 연합군에게 패하였고 한라산으로 들어가 마지막까지 싸우던 70여 명은 스스로 목숨을 끊었어요. 결국 4년에 걸친 삼별초의 항쟁은 강화도, 진도를 거쳐 제주도에서 끝나고 말았지요.

비록 실패로 끝났지만 세계 최강의 몽골군에게 항복하지 않고 4년 동안이나 항쟁한 유일한 군대였던 삼별초의 항쟁은 고려인의 자주 정신을 보여 주는 역사적 사건이라고 평가할 수 있어요.

항파두리성(제주)
삼별초가 제주에서 몽골에 대항하기 위해 쌓았던 토성이에요.

삼별초의 이동경로

1 다음 지도에는 고려와 거란의 전쟁 과정에서, 고려가 얻게 된 강동 6주가 표시되어 있다. 이 강동 6주와 관련된 인물은 누구인가?( )

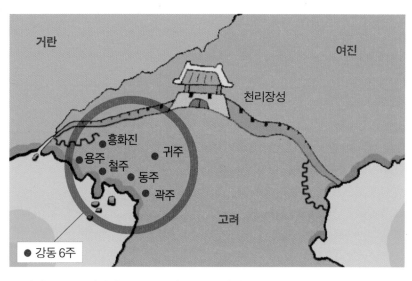

① 최영   ② 강감찬   ③ 윤관   ④ 서희

2 다음 지도에서 나타난 이동 경로와 군사 조직에 대한 설명으로 옳은 것은?( )

① 이성계가 왜구를 물리친 이동이다.

② 삼별초 군대의 대몽골 항쟁 이동로이다.

③ 거란의 침입으로 고려 정부가 피신한 경로이다.

④ 윤관이 조직한 별무반의 이동로로 수군을 강화한 것이다.

정답과 해설은 142쪽에 있습니다.

❸ 고려의 교역과 문화 교류

학습내용 : 주변 국가와 활발한 교역 및 문화 교류가 이루어졌음을 사례를 통해 이해한다.

① 코리아, 드디어 서방에 나라 이름이 알려지다

고려는 외국과 활발한 교류를 가졌어요. 송나라와의 문화적·경제적 교류가 가장 활발하였으며 거란, 여진, 일본은 물론 아라비아 상인과도 교류하였지요.

고려의 수도 개경 근처에는 **벽란도***라는 국제적인 항구가 있었어요. 벽란도는 중국 사신이나 상인들이 고려 수도 개경으로 들어가기 위해 이용한 곳입니다.

> **벽란도**
> 벽란도는 섬이 아닌 항구랍니다.

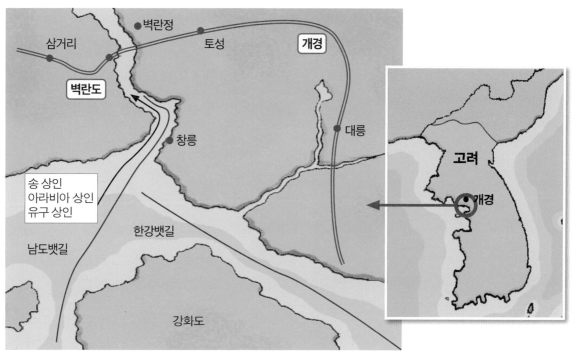

송나라와 고려 사이의 뱃길
고려와 송나라 사이에 바닷길을 이용한 이유는 송나라 북쪽에 요나라와 금나라가 있어 육로가 막혀 있었기 때문이에요.

계절풍
계절에 따라 바뀌는 바람을 말해요.

팔관회
고려시대 국가행사로 치러진 불교행사로, 연등회와 함께 가장 큰 국가행사였어요.

송나라 상인은 계절풍*이 부는 7, 8월 경과 11월에 고려에 왔고 여진인과 탐라(제주)인 및 일본인 등과 팔관회*에 참석하고 돌아가는 경우도 있었답니다. 고려는 서해안의 바닷길을 통하여 송으로부터 왕실과 귀족들이 필요한 비단과 서책 등의 물건을 수입하는 대신에 종이, 인삼 등을 수출하였어요.

청동 거울(국립 청주 박물관)
배의 모습이 새겨져 있는 고려의 거울로 고려시대 중국과의 해상교류의 모습을 엿볼 수 있어요.

아라비아 상인들도 벽란도를 통해 고려에 들어와서 수은, 향료, 산호 등을 팔았지요. 대식국이라고도 불리는 이들 상인들이 몇 차례 고려에 왔는데, 이들은 송나라 상인들의 정보에 의해서 온 것입니다. 이들을 통해 고려가 코리아로 세계에 알려지게 되면서, 코리아가 현재까지도 우리나라를 부르는 이름이 된 것이죠.

고려 북방에 있는 거란과 여진과는 주로 육로를 통해 무역이 이루어졌지요. 거란의 침입으로 무역이 이루어지지 않았던 적도 많았지만 거란과 여진은 식량이 부족했기 때문에 고려에 말과 은, 모피 등을 가져와 곡식 등으로 바꾸어갔지요.

한편, 고려는 일본과는 교류가 있었지만 많지는 않았습니다. 정식으로 국가 간에 관계를 맺지 않았기 때문이었죠.

아라비아 상인의 모습
아라비아 상인을 통하여 고려의 이름이 서양에 알려지게 되었어요.

② 원나라를 통한 문화교류

고려와 원나라*가 강화*를 맺은 이후 두 나라 사이에는 자연히 사람과 물자의 왕래가 많아졌고, 문물 교류가 활발하였습니다. 특히, 고려로 시집온 원나라 공주들이 데리고 온 사람들과 원에서 고려로 파견된 관리와 가족들이 살면서 티베트 승려와 위그르인, 인도인 등 다양한 사람들이 고려에 와서 살았답니다. 이들을 통해 자연스럽게 고려는 문물이 교류되었죠.

이에 따라 고려 사회에는 '몽골풍'이 유행하여 **변발**, 몽골식 복장, 몽골어가 궁중과 지배층을 중심으로 널리 퍼졌어요. 몽골의 풍속은 공민왕 때 반원 정책으로 금지되었지만, 민간에서 널리 전파되어 오랫동안 남게 되었는데, 머리에 쓰는 족두리와 뺨에 찍는 연지, 옷고름에 차는 장도 등이 있었어요. 고려가 성리학이란 새로운 유학을 적극적으로 받아들이게 된 것도 이들로부터였어요.

이와 반대로 고려 사람이 몽골에 건너간 수도 적지 않았어요. 이들은 대부분 전쟁 중에 포로로 잡혀갔거나 몽골의 강요에 따라 어쩔 수 없이 끌려간 사람들이었어요. 이들에 의하여 고려의 의복, 그릇, 음식 등의 풍습이 몽골에 전해졌는데, 이를 '**고려양**'이라고 합니다.

원나라
처음 몽골 제국을 만든 칭기즈칸의 손자인 쿠빌라이가 세운 나라.

강화
싸우던 두 편이 싸움을 그치는 것을 말해요.

변발

태평소

장도

모두 몽골의 풍습이 남아있는 것들이에요.

족두리

경천사 10층 석탑(국립 중앙 박물관)
원의 영향을 받아 만들어진 탑으로 화려한 장식 등 우리나라 석탑에는 보이지 않는 특징을 가지고 있어요.

한국이 세계로 알려진 이유? 벽란도에 가보자

고려는 외국과 무역을 매우 활발하게 하였어요. 중국, 일본, 동남아시아뿐만 아니라 멀리 아라비아 상인들과도 무역을 하였지요. 고려의 대표적인 국제 무역 항구가 바로 벽란도랍니다. 벽란도는 섬이 아니라 고려의 수도인 개경과 가까운 항구였어요.

벽란도가 위치한 예성강은 수심이 깊어 큰 배가 지나다니기 쉽고, 바다와 가까워 무역 항구로 크게 발전하였답니다. 벽란도에는 외국 상인이나 사신이 머무는 건물도 있다고 해요. 그래서 멀리 아라비아 상인까지 무역을 하러 벽란도에 왔고 '고려'라는 이름이 서양에까지 알려져 오늘날 '코리아'로 우리나라가 불리게 되었답니다.

세계적 무역항 **벽란도**

- 예성강 하구에 위치
- 고려의 수도 개성과 가까움
- 물이 깊어 큰 배가 자유롭게 오고 감
- 고려 최대의 무역항
- 벽란정 : 외국 상인 / 사신의 숙소

문제 풀이

1 다음 지도를 보고 고려에 대하여 설명하려고 할 때 적절하지 <u>않은</u> 것은?(   )

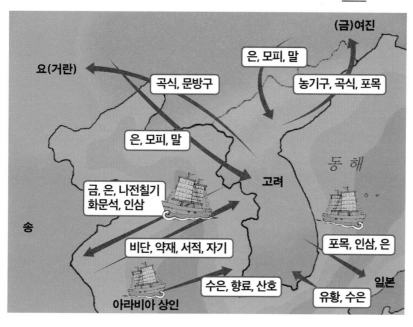

① 고려는 서양에 알려지지 않은 나라였다.

② 고려는 주변의 여러 나라들과 활발하게 무역을 하였다.

③ 북방 민족이었던 여진(금)이나 거란(요)과도 교역을 하였다.

④ 고려는 일본과 지리적으로 가까워 가장 많은 특산품을 수출하였다.

2 다음과 같은 무역활동이 이루어진 고려 시대의 대표적인 항구의 위치와 이름이 올바른 것은?(   )

① (가) – 벽란도　　② (나) – 완도

③ (다) – 제주도　　④ (라) – 울산항

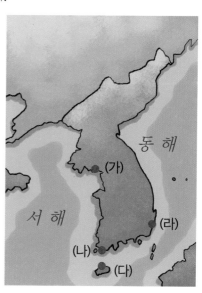

정답과 해설은 142쪽에 있습니다.

4 고려의 문화와 과학

학습내용 : 금속활자, 청자, 팔만대장경, 불교 미술 등을 통해 고려 시기의 과학과 생활, 문화를 파악한다.

① 세계 최초의 금속활자

선생님 질문있어요

왜 금속인쇄술이 목판인쇄술 보다 좋나요?

목판인쇄는 말그대로 목판에 글씨를 새기는 거예요. 그러다보니 한 번 판 목판은 책의 한 쪽만 찍는데만 쓰였지요. 하지만 금속활자는 한 글자씩 따로 만들어 글자들을 조립하여 쓰도록 만든거예요. 한 글자씩 따로 만들어 썼으니 책 내용에 맞게 조립만 하면 어떤 책도 인쇄할 수 있었죠.

고려 시대의 기술 중에서 가장 발달한 것은 **인쇄술**이었어요. 신라 때부터 발달한 목판 인쇄술은 고려 시대에 이르러 더욱 발달하였지요. 고려대장경의 판목은 고려의 목판 인쇄술이 최고의 수준에 이르렀음을 보여줍니다.

목판 인쇄술은 목판에 글을 새겨 한 가지의 책을 여러 권 인쇄하는 데는 좋았지만, 여러 가지의 책을 소량으로 인쇄하는 데에는 활자를 조합하여 인쇄하는 활판 인쇄술보다 못하였어요. 그래서 고려에서는 일찍부터 활판 인쇄술의 개발에 힘을 기울여 **금속활자 인쇄술을 발명**하였어요.

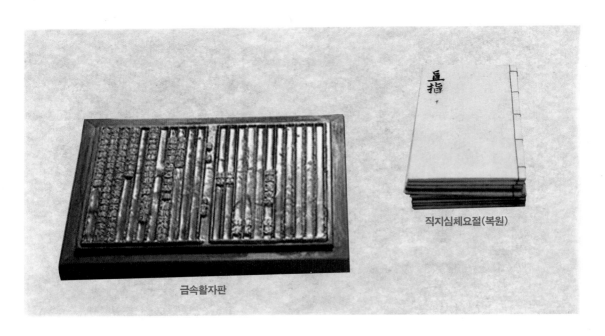

금속활자판

직지심체요절(복원)

금속활자 만드는 모습(청주 고인쇄박물관)

고려 시대에 세계에서 최초로 금속 활자 인쇄술이 발명된 것은 목판 인쇄술의 발달, 청동을 다루는 기술의 발달, 인쇄에 적합한 종이와 먹의 개발 등이 어우러진 결과였어요. 청주 흥덕사에서 만든 직지심체요절(1377)은 2001년 유네스코 기록 유산으로 등록되어 현재 세상에 남아있는 **가장 오래된 금속 활자본**으로 인정받고 있답니다.

흥덕사지(충북 청주)
주춧돌만 남아있던 절터를 복원한 모습이에요.

인쇄술의 발달과 함께 제지술*도 발달하였어요. 전국적으로 종이 원료인 닥나무의 재배를 장려하고, 종이 제조의 전담 관청을 설치하여 우수한 종이를 만들었어요. 그리하여 고려의 제지 기술은 더욱 발전하였으며, 질기고 희면서 앞뒤가 반질반질하여 글을 쓰거나 인쇄하기에 적당한 종이가 생산되었어요. 당시 고려에서 만든 종이는 중국에 수출되어 높은 평가를 받았습니다.

제지술
종이를 만드는 기술

② 도자기 기술의 꽃, 고려청자

　　고려자기의 대표적인 것은 순수청자와 세계적으로 유명한 상감청자가 있어요. **상감청자는 표면에 무늬를 새겨 넣는 상감기법을 이용하여 만든 청자예요.** 청자는 종류도 매우 다양하여 병·항아리·주전자·접시·연적·필통·향로*·꽃병 등이 있어요. 심지어 베개나 의자, 바둑판까지도 청자로 만들었지요.

　　그 가운데 국화·연꽃·원앙·거북이·용 등 여러 동식물을 본떠 만든 향로·주전자·연적* 등은 뛰어난 솜씨를 보여줍니다.

향로
방에 향기를 내거나 제사 지낼 때 쓰기 위해 향을 피우는 그릇

연적
벼루에 먹을 갈 때 쓰도록 물을 담는 그릇

다양한 용도로 사용된 **고려청자**

청자 베개

청자 기와

청자 향로

청자 주전자

청자 매병

상감기법 따라잡기

상감청자는 상감기법으로 문양을 낸 청자예요. '상감'이란 무늬를 넣는 방법을 말하는데, 상감기법은 이미 중국에서부터 만들어진 것으로 금속공예에 사용되던 방법이었어요. 도자기에 상감기법을 응용한 것은 중국이나 일본에서는 없는 우리만의 독특한 기법이랍니다. 곧 완성된 그릇 표면에 무늬를 세기고 파인 부분을 흰색이나 붉은 색 흙으로 메웁니다. 이어 유약을 입혀 구우면 청자가 됩니다.

1. 1차 무늬 파기

2. 흰 흙 바르기

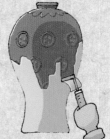

3. 흰 흙 긁어내기

4. 2차 무늬 파기

5. 붉은 흙 바르기

6. 붉은 흙 긁어내기

7. 초벌구이

8. 유약을 발라서 재벌구이

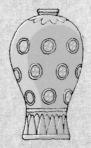

9. 상감청자 완성

③ 세계 기록 유산, 팔만대장경

간행
책을 인쇄해 펴냄

고려는 불교 국가였어요. 그래서 부처님 말씀을 풀이해 놓은 대장경을 만들게 되요. 현종 때 거란의 침입을 받았던 고려는 부처의 힘을 빌려 이를 물리치려고 대장경을 간행*하였어요. 70여 년 오랜 기간에 걸쳐 목판에 새겨 간행한 이 대장경은 아깝게도 몽골 침입 때에 불타 버리고, 현재는 인쇄본 일부만 남아있어요.

몽골 침략으로 불타 없어진 대장경을 대신하여 고종 때에는 사람들의 마음을 모으고 **부처님의 힘으로 몽골군을 물리치고자** 강화도에서 다시 대장경을 만들었어요. 담당 관청까지 설치하여 16년 만에 이룩한 재조대장경은 현재 **합천 해인사**에 보존되어 있지요.

8만 장이 넘는 목판이므로 **팔만대장경**이라고 부릅니다. 팔만대장경은 방대한 내용을 담았으면서도 잘못된 글자나 빠진 글자가 거의 없다고 합니다.

더 알아보기

해인사 대장경판 / 장경판전

대장경판과 장경판전

13세기에 만들어진 세계적 문화 유산인 고려 장경판전은 대장경판 8만여 장을 보존하는 곳으로 해인사(경상남도 합천)의 건물 중 가장 오래된 것이랍니다. 장경판전은 조선 초기 전통적인 목조 건축 양식으로 건물 내 적당한 환기와 온도·습도 조절 등의 기능을 자연적으로 해결할 수 있도록 설계되었어요. 여기에는 대장경판이 보관되어 있어요. 장경판전의 정확한 창건연대는 알려져 있지 않으며, 1995년 12월 유네스코 세계 문화 유산으로 등록되었지요.

④ 불교 미술, 열매를 맺다

고려시대는 불교가 가장 융성한 시기였어요. 위로는 임금부터 아래로는 모든 백성들까지 불교를 믿었지요. 그리하여 고려 시대에는 불상, 불화, 석탑 등이 많이 만들어졌어요. 불상은 그것을 만든 시기와 지역에 따라 독특한 모습을 보여 주었지요.

특히, 사람이 많이 다니는 길목에는 그 지역의 특색이 잘 드러난 돌로 만든 거대한 불상도 만들어졌어요. 또한, 유명한 승려가 죽으면 이를 기념하기 위해 승탑과 비를 세우기도 하였답니다.

고려의 건축물로는 안동의 봉정사 극락전과 영주 부

불화

석불(충남 논산, 관촉사)
고려 시대 초기의 돌로 만든 큰 불상이에요.

광주 철불(국립 중앙 박물관)
통일신라의 불상 모습과 닮은 고려 초기의 철로 만든 불상이에요. 고려 초기에는 작품성은 떨어지나 아주 큰 철불이 만들어졌답니다.

지광국사탑비(강원 원주)
지광국사라는 유명한 승려를 기리기 위해 세운 탑비로 거북받침돌 위에 비를 세우고 왕관 모양의 머릿돌을 올린 모습이랍니다.

부석사 무량수전(경북 영주)
무량수전은 고려 시대에 지어져서 현재까지 남아있는 목조 건물로 유명해요.

석사의 무량수전, 그리고 예산 수덕사 대웅전이 유명합니다.

고려 후기에는 왕실과 귀족이 복을 구하기 위한 용도로 불화가 많이 그려졌어요. 그림에는 불교에서 믿는 대로 좋은 세상에서 다시 태어나길 바라는 내용들이 많았죠. 고려 시대 불화 그리는 솜씨는 매우 뛰어났습니다. 그래서 불화는 일본으로 많이 나가게 되었습니다.

고려 시대의 석탑은 신라 양식을 일부 계승하면서도 독자적인 조형 감각이 더해져 다양한 형태로 제작되었어요. 탑을 여러 층으로 쌓아 통일신라의 석탑에 비해 안정감은 부족하나, 자연스러운 모습을 띠었지요.

월정사 8각 9층 석탑(강원 평창)
여러 층으로 쌓았고, 각이 여러 방향으로 진 모습이 특징인 석탑이에요.

현화사 7층 석탑(경기 개성)
고려 시대의 석탑으로 현화사는 고려 시대 역대 왕실의 법회가 열린 사찰이었어요.

⑤ 화약 제작자, 최무선

　고려는 유달리 외적의 침입을 많이 받았어요. 거란과 여진을 거쳐 고려에 최대의 위기를 가져다 준 몽골도 모자라 그 후에는 홍건적*과 왜구의 침입까지 받게 되었죠. 왜구는 일본에 기지를 두고 고려와 중국의 해안가에 배를 타고 와 약탈을 일삼던 해적들을 뜻해요.

　최무선은 왜구의 침입을 물리치는 데에 화약 무기를 사용하려 하였어요. 이 시기에 중국의 원나라에서는 이미 화약 무기가 만들어져 쓰이고 있었죠. 그러나 원나라에서는 화약 제조 기술을 비밀에 붙여서 고려에서는 이를 알 수 없었지요.

　그러나 최무선은 끈질기게 노력하여 **화약 제조법을 터득**하였어요. 이에 고려는 화통도감이라는 관청을 설치하고 최무선을 중심으로 **화약과 화포를 제작**하게 됩니다. 화포와 같은 화약 무기의 제조가 빠르게 발달하여 얼마 후에는 20종에 가까운 화약 무기가 만들어졌어요. 최무선은 이 화포를 이용하여 진포(금강 하구) 싸움에서 왜구를 크게 무찔렀지요.

> **홍건적**
> 원나라 말기에 머리에 붉은 수건을 쓴 도적들이에요.

최무선 동상(전북 군산 진포대첩기념비)

따뜻한 선물 목화? 고려의 의생활

오늘날 우리들이 가장 즐겨 입는 옷감은 '면'이에요. '무명'이라고도 불리는 '면'은 목화로 만든 옷감이랍니다. 지금은 흔하지만 고려 시대까지 우리 조상들은 면을 알지 못했습니다. 문익점이 목화씨를 들여오기 전까지는요. 그 전에 사람들은 삼베, 모시, 비단 등으로 옷을 지어 입었지요.

삼베나 모시는 여름에는 입기 좋았지만 겨울이 되면 추위를 막기 어려웠어요. 비단은 귀하고 값이 비싸 귀족이나 부자만 입을 수 있었기 때문에 백성들은 삼베옷을 여러 겹 겹쳐 입고 힘들게 겨울을 지내야만 했어요.

이런 상황에서 문익점이 가져온 목화씨로 면옷을 입게 되면서 의생활은 획기적으로 변화하게 됩니다. 문익점의 노력으로 고려 사람들은 목화를 기르고 목화로 천을 짜 옷을 지어 입을 수 있게 된 것이죠. 또 목화로 솜을 만들어 솜옷과 솜이불을 가지고 겨울을 따뜻하게 보낼 수 있었답니다.

전해내려오는 이야기로는 목화에서 씨를 빼는 도구인 씨아, 실을 만드는 물레, 실로 천을 짜내는 베틀 모두 문익점 집안에서 만든 것이라고 전해집니다.

만약 문익점이 백성들의 삶을 생각하여 목화를 들여오지 않았다면 얼마나 더 오래 추운 겨울을 보내야 했을까요?

씨아
목화의 씨를 빼고 솜을 얻는 도구

물레
솜에서 실을 만드는 도구

베틀
실을 이용하여 옷감(천)을 만드는 도구

문제 풀이

1 밑줄 그은 '금속 활자 인쇄술'로 만들어낸 책으로 옳은 것을 〈보기〉에서 고른 것은?(   )

> 고려 시대에 기술학에서 가장 뛰어난 것은 인쇄술의 발달이었다. 신라 때부터 발달한 목판 인쇄술은 고려 시대에 이르러 더욱 발달하였다. 그러나 목판 인쇄술은 한 가지의 책을 다량으로 인쇄하는 데는 적합하지만, 여러 가지의 책을 소량으로 인쇄하는 데에는 부적합하였다. 따라서 후기에 금속 활자 인쇄술을 발명하였다.

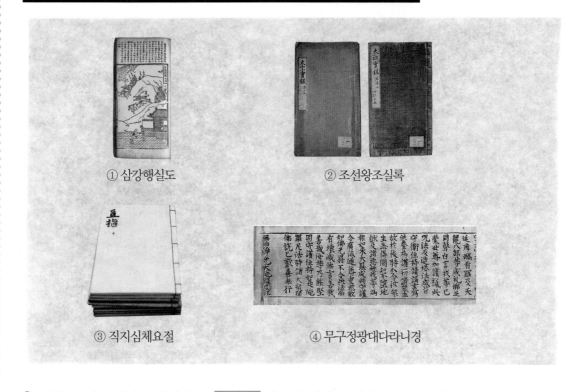

① 삼강행실도   ② 조선왕조실록

③ 직지심체요절   ④ 무구정광대다라니경

2 다음 고려 시대의 문화재이다. ☐ 안에 들어갈 문화재의 이름은?

정답과 해설은 142쪽에 있습니다.

③ 유교 문화가 발달한 조선

학습내용 : 조선의 건국과 발전 과정을 인물 이야기를 중심으로 이해하고 이 시기에 유교적 질서가 정착되었음을 사회 및 생활상을 통해 파악한다. 특히, 세종 대에 이루어진 다양한 분야의 발전을 인물과 그 업적을 중심으로 이해한다.

1. 조선의 건국
2. 찬란한 세종대왕의 업적
3. 조선의 신분 제도
4. 임진왜란과 병자호란의 극복

이성계, 조선을 세우다
1392년
조선이 세워지다

한양 천도
1394년
한양을 수도로 삼다

세종대왕 즉위
1418년
세종, 왕위에 오르다

훈민정음 반포
1446년
우리 민족의 글자를 만들어 널리 알리다

고려를 무너뜨리고 조선을 세운 이성계는 한양에 수도를 정하고 경복궁을 지어 새 궁궐로 삼았어요. 이성계를 도와 조선을 세운 정도전 등은 고려가 믿던 불교 대신 유교를 나라의 근본으로 삼았습니다. 조선은 유학을 공부한 양반들에 의해 다스려졌고, 유교를 으뜸으로 삼는 문화를 만들어 나갔어요. 특히, 조선의 네 번째 왕인 세종은 우리 민족의 글자인 한글을 만들었고, 과학, 음악 등의 여러 분야에서 발전을 이끌었습니다. 그러나 조선은 건국된 지 200여 년 만에 일본의 침략을 받았고, 30여 년 뒤에는 청나라의 침략을 받게 되면서 국가적인 위기를 맞게 되었지만 이를 극복하였답니다.

임진왜란 일어나다
1592년
일본 대군이 쳐들어오다

동의보감 완성
1610년
허준, 동의보감을 완성하다

인조반정
1623년
인조, 광해군을 몰아내고 임금이 되다

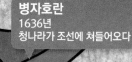

병자호란
1636년
청나라가 조선에 쳐들어오다

① 조선의 건국

학습내용 : 조선의 건국 과정을 이성계, 정몽주, 정도전 등을 중심으로 이해한다.

① 요동 정벌을 반대한 이성계

원나라
몽골이 중국에 세운 나라이지요.

명나라
원나라를 무너뜨리고 주원장이 세운 나라를 말해요.

요동
중국의 요하라는 강의 동쪽에 있는 지역입니다. 우리나라에서 중국으로 가는 길목이었지요.

정벌
적을 힘으로써 물리치는 것을 말해요.

고려 말, 중국에는 원나라*가 무너져가고 새로 명나라*가 들어섭니다. 명나라는 예전 원나라의 땅은 모두 자신들의 것이라며, 고려에 원나라로부터 되찾은 땅을 돌려달라고 요구했어요. 당시 고려 최고의 실력자이자 뛰어난 장군이었던 **최영**은 명나라의 무리한 요구를 들어주지 말고, 먼저 요동*으로 쳐들어 갈 것을 주장합니다.

많은 신하들이 최영의 의견에 반대했지만, 고려 임금 우왕은 요동정벌*을 하기로 결정했어요. 군대를 이끌 장군으로는 **이성계**가 뽑혔어요. 이성계는 최영과 함께 고려 최고의 장군으로 꼽히던 사람이었지요. 하지만 사실 이성계는 요동 정벌에 대해 반대하는 뜻을 품고 있었어요.

명나라와 전쟁을 해서라도 본때를 보여 줘야해.

지금 우리 고려의 힘으로는 명나라를 이길 수 없어.

요동 정벌에 앞장선
최영

요동 정벌에 반대한
이성계

이성계가 요동 정벌을 반대한 4가지 이유

첫째, 작은 나라가 큰 나라와 싸우는 것은 옳지 못한 일입니다.
둘째, 농사일로 바쁜 여름에 군사를 일으키는 것은 옳지 못합니다.
셋째, 군사들을 북쪽으로 보내고 나면, 남쪽의 왜구*들이 공격해 올 것입니다.
넷째, 장마철인 까닭에 활을 쏠 수가 없고, 전염병이 돌 것입니다.
그러므로 우리 고려가 명나라와 전쟁을 하는 것은 절대 안 될 일입니다.

왜구
일본의 해적들을 일컫는 말입니다.

요동을 공격하라는 명령을 받자 이성계는 어쩔 수 없이 군대를 이끌고 개경을 떠나 압록강의 **위화도***라는 섬까지 나아가게 됩니다. 거기서 고려군은 장마를 맞게 됩니다. 계속 내리는 비에 고려군은 더 이상 움직일 수 없게 되었지요.

위화도
압록강 하구에 있는 섬이에요.

현재의 위화도

이성계는 마침내 결심을 내려 임금님의 명령 없이 위화도에서 군사를 돌려 개경으로 쳐들어옵니다. 이 사건을 가리켜 **위화도 회군**이라고 합니다(1388년). 왕의 명령을 어기고 군대를 돌린 이성계는 이제 왕과 최영에게 맞설 수밖에 없게 되었습니다.

② 고려를 지키는 자와 새로운 나라를 세우려는 자

위화도에서 돌아온 이성계는 우왕을 내쫓고 새로 왕을 세웠으며, 자신의 경쟁자였던 최영 또한 물리칩니다. 이성계가 고려 최고 권력자로 떠오르자 그의 주변에는 새로운 생각을 가진 사람들이 모여듭니다.

최영의 죽음

최영은 어려서부터 '황금 보기를 돌같이 하라'는 아버지의 말씀을 가슴에 새기고 살았다고 해요. 이름난 관료로서 고려 최고의 벼슬에 올랐음에도 최영은 재물을 모으는 데 욕심이 없었답니다.

최영이 자신의 권력을 위해 요동정벌을 주장했다는 죄로 죽임을 당할 때 이렇게 말했다고 해요. "내가 살아있는 동안 잘

최영 묘(경기도 고양시)

못한 것이 없으면 내 무덤에 풀이 자라지 않을 것이다." 실제로 오랜 기간 동안 최영의 무덤에는 풀이 자라지 않았다고 해요.

성리학
오랜 시간동안 유학을 배우는 사람들은 그것을 발전시켜서 여러 종류의 학문들을 만들었어요. 그 중에 하나가 성리학입니다. 성리학은 고려 시대 때 우리나라에 전해졌는데, 주로 인간과 우주의 근본에 대해 생각하는 학문이었어요.

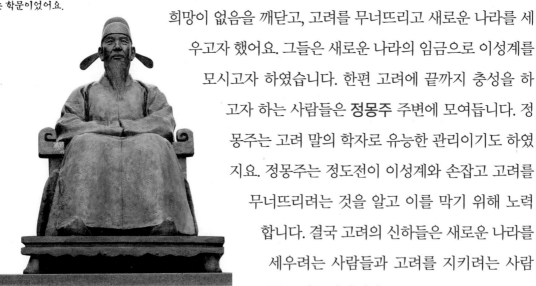

정도전 동상(충북 단양)

그들 중에는 중국에서 들어온 새로운 유학인 **성리학***을 배운 학자들과 관리들이 많았지요. 이들을 가리켜 **신진사대부**라고 합니다.

신진사대부들 중에 **정도전**과 같은 사람들은 도저히 고려에 희망이 없음을 깨닫고, 고려를 무너뜨리고 새로운 나라를 세우고자 했어요. 그들은 새로운 나라의 임금으로 이성계를 모시고자 하였습니다. 한편 고려에 끝까지 충성을 하고자 하는 사람들은 **정몽주** 주변에 모여듭니다. 정몽주는 고려 말의 학자로 유능한 관리이기도 하였지요. 정몽주는 정도전이 이성계와 손잡고 고려를 무너뜨리려는 것을 알고 이를 막기 위해 노력합니다. 결국 고려의 신하들은 새로운 나라를 세우려는 사람들과 고려를 지키려는 사람들로 나누어집니다.

이성계의 아들인 **이방원**은 정몽주가 새로운 나라를 만드는 일에 가장 큰 걸림돌이 됨을 깨닫지요. 이방원은 정몽주가 집에 찾아왔을 때 그의 마음을 알아보고, 마지막으로 자신들의 편에 서도록 설득하기 위해 시를 적어서 보여주었어요.

정몽주

선생님 질문있어요

정몽주 초상화는 진짜 정몽주의 모습을 그린거 맞나요?
이 그림은 개성에 있던 정몽주 초상화 그림을 조선 후기 때 한 화가가 옮겨 그린거예요. 그러니 진짜 모습일 가능성이 크겠죠?

더 알아보기

이방원은 정몽주를 자신의 편으로 만들고자 시를 적어 보여주었어요.

이방원

이런들 어떻습니까? 저런들 어떻습니까?
산의 칡뿌리가 서로 복잡하게 얽혀져 있지만 잘 살지 않습니까?
우리도 칡뿌리가 얽히듯이 손잡고 오랫동안 함께하면 좋지 않겠습니까?

그랬더니 정몽주도 이방원의 시조에 답을 해줍니다.

정몽주

이 몸이 죽고, 죽어서 백 번을 다시 죽는다고 해도
죽고 남은 뼈가 흙으로 변해 내 영혼이 남아 있건 없건
고려를 향한 나의 충성심은 결코 변하지 않을 것입니다.

이성계 어진
어진은 임금님의 모습을 그린 그림을 말합니다.

이방원은 정몽주와는 결코 손을 잡을 수 없다는 것을 확인하고 사람들을 보내 정몽주를 선죽교라는 다리 위에서 죽이고 맙니다. 정몽주의 죽음으로, 고려를 끝까지 지키고자 했던 사람들이 힘을 잃고 말지요.

선죽교(개성)
개성에 있는 선죽교에서 정몽주는
이방원의 부하에게 죽임을 당하였습니다.

③ 유교만이 최고야

이성계와 정도전은 힘을 합쳐 조선을 건국합니다(1392년). 조선을 세우는 데 큰 공을 세운 정도전과 그의 동료들은 성리학을 공부한 사람들이었어요. 그들은 오직 성리학만이 조선을 바로 세울 수 있다고 굳게 믿고, 조선을 성리학의 나라로 만들고자 하였어요.

우선 조선은 **수도**를 개경에서 **한양**으로 옮깁니다(1394년). 도읍이 한양으로 옮겨지면서 **경복궁**을 비롯한 궁궐과 각종 관청, 성곽 등 여러 건물들이 건축됩니다. 한양은 점차 수도로서의 모습을 갖추게 되었지요. 또 이와 함께 성리학을 가르칠 교육 기관들을 만들었어요.

선생님 질문있어요

한양이 오늘날의 서울인거 맞나요?
한양 둘레에 성곽을 쌓은 것은 알죠? 그 성곽을 기준으로 보면 한양은 오늘날의 서울특별시 종로구와 중구 정도까지만 해당돼요. 서울의 2개 구 정도 크기였던 거죠.

경복궁 근정전(서울 종로)
경복궁의 중심이 되는 건물로 나라의 큰 행사를 열었던 곳입니다.

서울 문묘의 명륜당(서울 종로)
성균관 학생들이 공부하던 곳입니다.

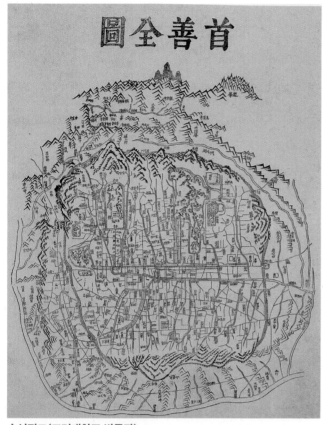

수선전도(고려대학교 박물관)
한양 각 지역의 위치가 상세히 나타나 있는 지도로 '수선'은 서울을 뜻한다고 해요.

선생님 질문있어요

유교는 뭐고 유학은 뭐예요?
많은 친구들이 유교와 유학을 헷갈려 하지요. 하지만 유교와 유학은 똑같이 공자의 가르침을 따르는 것입니다. 유교는 공자를 종교적인 신으로 모시는 것이고, 유학은 공자의 가르침을 배우는 학문이지요.

간언
옳지못한 일을 고치도록 하는 것이에요.

한양에 세워진 교육 기관 중 대표적인 것이 바로 **성균관**이었습니다. 조선의 성균관은 오늘날의 대학과 마찬가지였어요. 성균관에서는 일정 시험을 통과한 사람들을 입학시켜서 뛰어난 관리들로 길러내었습니다.

또한 **4부 학당**이란 것을 만들어, 한양 안에 양반 청소년들을 모아 유학을 가르쳤습니다. 4부 학당은 오늘날의 중·고등학교에 해당한다고 할 수 있지요.

정도전은 유교에서 주장하는 올바른 정치를 펼치기 위해 노력했어요. 유교에서는 "임금이 덕으로서 나라를 다스릴 것"과 "백성이 나라의 으뜸임을 알고 백성을 위한 정치를 해야 한다."고 말했지요. 그래서 임금도 평소에 유교를 열심히 공부해야 하고, 꾸준히 인격을 닦아서 백성을 위하는 마음을 키워나가야 한다고 하였습니다.

그리하여 정도전과 신하들은 임금도 신하들과 함께 공부하도록 하는 제도를 만들었습니다. 이를 **경연**이라고 합니다. 또 임금에게 **간언***하는 일을 맡는 관리를 두어 백성들의 소리를 임금에게 전하는 역할을 맡게 하였지요.

이처럼 조선은 과거 불교를 믿던 고려에서 벗어나서 새로이 **유교의 나라**를 만들고자 노력하였습니다.

탐구 활동

한양의 5대 궁궐에 대해 알아봅시다.

첫 번째로 만들어진 궁궐. 임진왜란 때 불에 탄 것을 고종 때 다시 지음.

두 번째로 만들어진 궁궐. 자연과의 조화를 이룬 아름다움으로 유네스코 세계 문화 유산이 됨.

세종이 아버지 태종이 지내도록 만든 궁궐이었음. 일본 식민지 시대 때 동물원과 식물원으로 탈바꿈됨.

광해군이 인조의 아버지가 살던 집을 왕의 기운이 서려 있다 하여 빼앗아 지은 궁궐.

본래 이름은 경운궁이나 덕수궁으로 이름이 바뀜. 1910년에 지어진 근대식 건물인 석조전이 유명함.

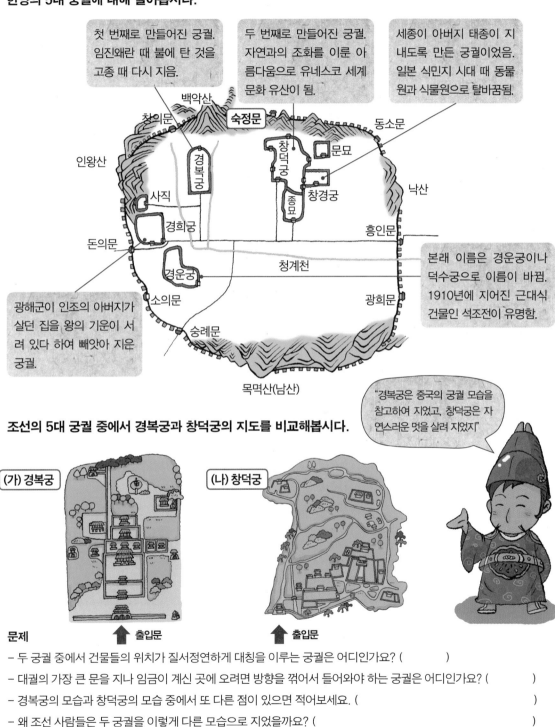

백악산 / 창의문 / 숙정문 / 동소문 / 인왕산 / 경복궁 / 창덕궁 / 문묘 / 사직 / 창경궁 / 낙산 / 종묘 / 경희궁 / 흥인문 / 돈의문 / 청계천 / 경운궁 / 소의문 / 광희문 / 숭례문 / 목멱산(남산)

조선의 5대 궁궐 중에서 경복궁과 창덕궁의 지도를 비교해봅시다.

"경복궁은 중국의 궁궐 모습을 참고하여 지었고, 창덕궁은 자연스러운 멋을 살려 지었지"

(가) 경복궁

(나) 창덕궁

↑ 출입문   ↑ 출입문

문제

– 두 궁궐 중에서 건물들의 위치가 질서정연하게 대칭을 이루는 궁궐은 어디인가요? (   )

– 대궐의 가장 큰 문을 지나 임금이 계신 곳에 오려면 방향을 꺾어서 들어와야 하는 궁궐은 어디인가요? (   )

– 경복궁의 모습과 창덕궁의 모습 중에서 또 다른 점이 있으면 적어보세요. (   )

– 왜 조선 사람들은 두 궁궐을 이렇게 다른 모습으로 지었을까요? (   )

1 다음은 조선 건국과 관련된 여러 인물들의 대화입니다. 아래 인물들의 말 중에서 <u>틀린</u> 내용이 들어간 것은?( )

① 태조 이성계

나는 고려 말의 뛰어난 장군이었소이다. 요동정벌을 떠나라는 최영의 명령에 반대하여 위화도에서 다시 돌아왔지요.

② 정몽주

나는 고려의 신하이자 학자였소. 태조 이성계를 도와 조선을 세우는 데 큰 공을 세웠지요.

③ 태종 이방원

나는 태조의 아들로서, 조선의 세 번째 임금이오. 아버지를 도와 조선을 세우고자 노력했지요.

④ 정도전

나는 조선이 유교의 나라가 되는 데 노력했고, 새로운 도읍인 한양을 설계하는 데 중요한 역할을 했습니다.

2 아래 글을 잘 읽고 빈 칸에 들어갈 말을 각각 적어보세요.

고려는 고려를 세운 태조 왕건으로부터 멸망할 때까지 나라의 근본 종교를 ① 로 삼았습니다. 고려시대 때 몽고의 침입 속에서도 부처님의 말씀을 담은 팔만대장경판을 만든 것만 봐도 잘 알 수 있지요.
하지만 조선을 세운 사람들은 새로이 ② 를 바탕으로 나라를 다스리고자 하였어요. 이 점은 경복궁과 같은 건물을 지을 때 건물의 이름들을 이 종교와 관련되는 것들로 지은 것을 보면 더욱 잘 알게 되지요.

①번 빈 칸에 들어갈 말 : ( )

②번 빈 칸에 들어갈 말 : ( )

정답과 해설은 143쪽에 있습니다.

2 찬란한 세종대왕의 업적

학습내용 : 세종 대에 이루어진 대외 관계와 문화, 과학 분야의 여러 성과를 탐구한다.

① 나가자 북으로! 건너자 바다를!

조선이 세워지고 나서 나라의 살림은 늘어났으며, 군사력 또한 점차 강해졌어요. 세종은 고려 말부터 우리나라를 괴롭혀 온 북쪽의 여진족*과 남쪽의 왜구들을 무찌르고자 하였어요.

세종은 우선 배를 타고 건너와 해적질을 일삼던 **왜구부터 정벌**하기로 하였습니다. 이종무 장군과 군사들은 세종의 뜻을 받들어 왜구의 본거지인 **대마도*를 정벌**하고, 왜구들이 타던 배들을 불태웠어요. 대마도 정벌로 왜구의 힘이 크게 줄어들었지요.

세종은 왜구를 정벌하기만 한 것은 아니었어요. 그와 함께 그들이 살 길을 마련해주고자 하였지요. 세종은 조선의 몇몇 항구를 열어주어 일본 사람들이 살게 하고 곡식 등 필요한 물건들을 주며 무역도 할 수 있게 해주었어요. 해적질을 안 해도 살 수 있는 길을 만들어 주고자 한 것이지요.

남쪽 지역을 편안하게 한 후 세종은 북쪽으로 눈을 돌립니다. 한반도의 북쪽에 자리 잡고 살던 여진족은 자주 조선 땅으로 내

> **여진족**
> 한반도 북쪽에 살던 민족. 말과 같은 가축들을 키우며 생활하였어요. 후에 청나라를 세웠지요.

> **대마도**
> 우리나라와 가장 가까운 일본의 섬이에요. 일본말로는 쓰시마 섬이라고 해요.

세종대왕(서울 광화문)

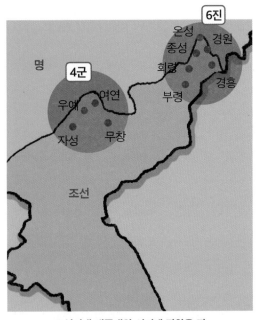

조선시대 세종대왕 시기에 되찾은 땅

려와 물건을 강제로 빼앗으며 우리나라 백성들을 괴롭혔답니다.

이에 세종은 **여진족들을 정벌**하기위해 **김종서**를 보내지요. 김종서는 여진족들이 여러 부족으로 나뉘어 그들끼리 서로 싸우고 있다는 것을 알아냅니다. 김종서와 병사들은 이 틈을 노려 북쪽의 여진족의 땅으로 쳐들어갔고, 그들을 물리칩니다. 김종서 장군의 활약으로 조선은 북쪽 두만강 주변의 땅을 차지하게 되었지요. **이렇게 세종 때 여진족을 몰아내고 되찾은 지역이 4군 6진입니다.**

김종서 장군이 여진족이 쏜 화살에도 놀라지 않고 연회를 계속하였다는 그림이에요(고려대학교 박물관).

② 우리 것을 만들어 봐

조선 초기에는 실생활에 도움을 주고자 하는 학문이 발달하여 민족 문화가 크게 발달하였어요. 그 가운데 가장 큰 일로 세종은 우리의 문자인 **한글을 창제***하였지요.

우리나라는 일찍부터 한자를 써 왔으나, 한자는 중국 문자였기 때문에 우리말을 자유롭게 표현할 수 없었습니다. 세종은 그런 불편함을 없애기 위해 **집현전*** 학자들과 오랜 기간 연구를 하여 **훈민정음**을 만들었고(1443년) 이후 백성들에게 새로운 문자를 널리 알렸습니다(1446년).

하지만 한글 창제에 모든 신하들이 찬성한 것은 아니었습니다. 일부 신하들은 한자를 쓰면 중국의 발전된 학문을 빨리 받아들일 수 있고, 유교도 깊이 공부할 수 있다며 새로 글자를 만드는 것에 반대하였습니다. 그러나 세종은 백성들을 위해 여러 신하들의 반대를 무릅쓰고 한글을 창제하였습니다.

한글은 누구나 쉽게 배워서 쓸 수 있고, 자신의 뜻을 마음대로 표현할 수 있을 뿐만 아니라, 글자를 만드는 원리가 매우 과학적인 뛰어난 문자이지요.

이 밖에도 세종은 집현전을 통해 길러낸 젊은 신하들이 학문 연구에 전념할 수 있는 환경을 마련해 주었어요. 세종이 길러낸 여러 학자들은 유교 규범*들을 정리한 『삼강행실도』라는 책을 만들어서, 백성들에게 유교적인 생활 방식을 널리 알렸습니다. 또한 농업과 의학 분야의 발전과 함께 『농사직설』*, 『향약집성방』*과 같은 책들도 만들었어요.

창제
전에 없던 것을 만들어 냄

집현전
조선 전기 학문연구를 위해 궁궐 안에 설치한 기관. 한글 창제에 집현전 학자들이 큰 역할을 하였어요.

훈민정음

규범
사회 속에서 사회 구성원들이 지켜야 하는 규칙.

농사직설
세종의 명에 따라 만들어진 농업 관련 책이에요. 곡물을 어떻게 키워야 하는지 자세히 설명되어 있죠.

향약집성방
우리땅에서 자란 약재를 병 치료에 이용하는 방법을 다룬 책이에요.

삼강행실도

조선은 유교를 으뜸으로 하는 나라였어요. 조선이 세워진 지 꽤 시간이 지났지만, 많은 백성들은 유교의 생활 방식에 익숙하지 않았지요. 그래서 세종은 유교를 백성들에게 널리 알리기 위해 「삼강행실도」를 만들도록 했어요. 책에는 역사 속에서 유명한 효자, 충성스런 신하, 품행이 단정한 여자와 같은 사람들에 얽힌 이야기가 담겨 있어요. 이 책은 글뿐만 아니라 그림도 함께 넣었고, 백성들이 내용을 쉽게 이해할 수 있도록 한글로도 만들어졌어요.

급제
과거에 합격함을 말해요.

세종, 하늘의 소리를 열다
세종 대의 음악 행사를 경복궁에서 재연하고 있어요.

세종 대에는 **음악 분야**에서도 **많은 발전**이 있었습니다. 이렇게 음악이 발전한 것은 **박연**이란 훌륭한 신하가 있었기 때문이기도 해요. 박연은 원래 음악가가 아니라 과거에 급제*하여 승승장구하던 관리였습니다. 하지만 그의 음악적 재능을 눈여겨보던 세종이 음악과 관련된 일을 맡김으로써 재능을 발휘할 기회를 주었습니다.

박연은 당시 궁궐에서 쓰이던 여러 음악들의 악보를 만들었어요. 또 많은 악기들을 새로 만들었고, 그 악기들의 음을 정확히 맞춰서 연주할 때 아름다운 화음을 낼 수 있도록 하였어요. 그리하여 궁중 음악인 '아악'이 궁궐에서 널리 연주되었지요.

박연(충북 옥천, 난계사)

③ 개천에서 용 된 장영실

세종 시대의 과학 기술의 발전은 우리나라 역사상 특별하다 할 정도로 뛰어났어요. 당시의 임금인 세종과 신하들은 나라를 강하게 하고 백성을 편안히 하기 위해 과학 기술이 중요하다고 생각했지요.

세종과 신하들은 우리나라의 전통기술을 잘 지켜나가면서, 중국과 아라비아의 과학 기술을 새로이 받아들여 훌륭한 업적을 남겼습니다. 특히 천문학, 농업과 관련된 각종 기구들을 만들었는데, 이러한 기구들이 발명된 데에는 **장영실**의 공이 매우 컸습니다.

장영실(부산 동래, 장영실과학단지)
장영실은 동래 관청의 노비였어요.

장영실은 원래 동래(지금의 부산)에 있던 관청의 노비였어요. 장영실은 일찍이 기계 다루는 기술이 뛰어나 한양에까지 그 이름이 알려졌지요. 뛰어난 실력 덕에 장영실은 궁궐에서 일하게 되었고, 중국까지 가서 새로운 기술을 배워오게 되지요.

세종은 장영실이 마음껏 재능을 펼칠 수 있도록 노비의 신분을 벗겨주었으며, 또한 신하들의 반대를 무릅쓰고 장영실에게 큰 벼슬도 내립니다.

장영실의 발명품들

혼천의
여러 별들의 움직임과 위치를 잴 수 있는 기구

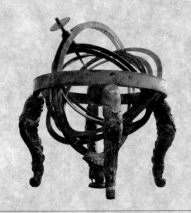

간의
별들의 위치를 재는 기구로, 각도기와 비슷한 모양새임.

해시계(앙부일구)
그림자를 이용해 만든 시계로 시간과 날짜를 동시에 알 수 있음.

측우기
세계 최초의 측우기. 빗물을 받아 고인 물의 높이를 재었음.

수표
강이나 개울에 비가 오면 물의 높이를 나타내도록 눈금을 적은 기둥

물시계(자격루)
물의 힘을 이용하여 자동으로 시간을 알려주는 장치가 있는 물시계

보루각 자격루 모형(국립고궁박물관)

세종의 크나 큰 은혜를 입은 장영실은 혼신의 힘을 다해 큰 업적을 남겼어요.

그의 대표적인 발명품에는 **천문 기구*인 혼천의와 간의, 금속활자인 갑인자, 물시계인 자격루, 해시계인 앙부일구, 또 세계 최초로 비를 측량할 수 있는 측우기와 수표** 등이 있습니다.

이 가운데 놀라운 발명품은 자격루입니다. 자격루는 정밀한 기계장치를 이용하여 자동으로 시간을 알려주는 뛰어난 물시계였어요. 이는 당시 중국에서 만들어진 시계보다 더 정확하게 시간을 알려주던 시계였지요.

세종 대에 만들어진 천문 기구와 시계, 그리고 측우기와 수표는 농사를 짓던 당시의 생활에 큰 도움이 되었어요. 이 기구들을 통해 백성들은 정확한 계절과 시간을 알게 됨으로써 농사일을 계절과 시기에 알맞게 할 수 있게 되었죠.

천문기구
우주의 태양, 달, 여러 별들의 모습과 움직임을 재는 기구를 말해요.

세종대왕이 한글을 만든 후에는 어떻게 되었을까?

세종대왕은 백성들이 하고자 하는 말을 자유롭게 글로 쓰고 쉽게 배울 수 있는 한글을 만들어 널리 알렸습니다. 한글을 만들 때 최만리와 같은 몇몇 신하들은 한자 대신에 새로운 글자를 쓰는 것은 오랑캐들이나 하는 일이라며 반대했지요. 그러나 세종대왕은 이러한 반대를 떨치고 오로지 백성들을 위해 한글을 창제합니다.

양반들은 한글을 천한 사람들이 쓰는 글이라 여겨 언문이라고 낮춰 부르기도 하였으나 한글은 여러 사람들에게 널리 쓰이게 됩니다. 특히 한글은 여성들과 상민들에게 널리 쓰였지요. 또 일부 양반들까지도 한글을 사용했습니다.

> 남구만이란 신하가 임금께 아뢰는 글
>
> – 임금님, 요새 과거에 합격한 사람들도 어려운 한자 대신 언문(한글)으로 글을 쉽게 익혀서 합격하는 자들이 많습니다. 몇몇 관리들은 한자로 쓴 편지에는 답장도 적지 못합니다. (1684년 숙종 10년)

또한 임금들도 주로 어머니나 딸과 대화할 때 언문 편지를 썼습니다. 아래는 숙종 임금이 여동생 집에 가계신 어머니께 쓴 편지입니다.

밤소이 평안호옵시니잇가나
가옵실제너일드러오옵쇼셔
호엿습더니하챵위를만나보
셔나호옵시누니잇가아무리
섭〜호옵셔도너일브터드러
오옵쇼셔

蕭宗大王御筆
明安公主房.

명안공주 (숙종의 동생)
집에 보냄. (왼쪽의 한자)
밤사이 평안하시옵니까? (대궐을)
나가실 때 "내일 들어 옵소서."
하였사온데 해창위(명안 공주 남
편)를 만나 떠나지 못하는 것이옵
니까? 아무리 섭섭하셔도 내일 부
디 (대궐로) 들어오시옵소서.

> **위의 내용을 잘 읽고 조선사람들에게 한글이 어떤 영향을 주었는지 생각해봅시다.**

문제 풀이

1 다음은 조선의 한 임금이 쓴 글입니다. 다음의 글을 쓴 임금 때에 일어난 일로 알맞지 <u>않은</u> 것은?(   )

> 나라의 말이 중국과 달라 한자가 서로 잘 통하지 않는다.
> 그래서 백성들이 하고 싶은 말이 있어도 자기 뜻을 글로 펴지 못하는 사람들이 많다. 내가 이것을 불쌍히 여겨 새로 스물여덟자를 만드니, 사람마다 쉽게 익혀 편하게 사용하도록 하라.

① 장영실이 측우기와 자격루를 발명했다.

② 왜구와 여진족의 침입으로 나라가 혼란에 빠졌다.

③ 박연이 궁궐에서 쓰이는 여러 악보와 악기를 완성하였다.

④ 우리 농사법이 담긴 『농사직설』이 만들어져, 농사기술이 발달하였다.

2 다음은 세종대왕에 대하여 설명한 글입니다. 다음 글을 잘 읽고, 세종대왕의 업적을 정리한 보고서의 빈 칸을 채워보세요.

> 세종대왕은 새로 세워진 조선 왕조를 여러 분야에서 크게 발전시킨 임금으로 알려져 있습니다. 세종대왕은 군사, 과학 기술, 문화적인 면에서 고른 발전을 이루어냈습니다.

－ 세종대왕의 업적 －

○ 군사 : (①   )을 물리치고 조선의 북쪽 땅에 4군 6진을 세웠다.

○ 과학 기술 : 장영실이 활약하여 여러 발명품이 만들어졌다.

○ 문화 : 고유의 문자인 (②   )이 만들어졌다.

①번 빈 칸에 들어갈 말 : (   )

②번 빈 칸에 들어갈 말 : (   )

정답과 해설은 143쪽에 있습니다.

3 조선의 신분 제도

학습내용 : 유교적 신분 질서 아래 양반과 중인, 상민, 천민의 생활 모습을 파악한다..

① 공부해서 과거 붙자! 양반

과거시험
조선시대에 관리가 되기 위해 쳐야 했던 시험. 문반을 뽑는 문과와 무반을 뽑는 무과, 기술관을 뽑는 잡과로 나뉘어져 있었어요.

조선의 지배 계급이라고 할 수 있는 **양반**은 원래 **과거 시험***에 합격한 문반과 무반을 합쳐서 부르는 말이었어요. 그러나 점차 시간이 지나면서 문무 관리들의 가족들까지도 양반으로 불리게 되었어요. 그래서 양반이란 말은 **조선의 최고 신분**을 가리키는 말로 바뀌어가게 되었지요.

양반들은 정치적으로 과거라는 시험을 통해서 관리가 되었고, 경제적으로는 땅과 노비를 가져 부유한 생활을 하였어요. 따라서 양반들은 열심히 공부하여 **과거에 합격하는 것을 최고의 목표**로 여겼습니다.

양반과 농민
상민 부부가 나들이 가는 양반에게 절을 하고 있어요.

양반들은 자신들의 신분을 유지하기 위해 가문을 중요하게 생각하였고, 양반들끼리만 결혼하여 신분을 지켜 나갔어요. 또 조선시대 때 교육을 제대로 받을 수 있었던 건 양반밖에 없었죠. 그들은 관리가 되기 위해 공부해야 한다는 이유로 군대에 가지 않아도 되었어요.

② 오늘날에는 인기 직업! 중인

 중인은 말 그대로 양반과 상민 사이에 끼어 있는 '가운데' 계층을 말해요. 조선 시대 때 중인들은 주로 **양반 관리들 밑에서 일하던 기술 관리들이나 관청의 일을 보던 낮은 관리들**이었습니다. 이들은 양반에 비해 차별을 받기도 했지만, 전문 기술이 있었기 때문에 상민들 보다는 높은 위치에 있었지요.

 중인들 중에 역관과 의관과 같은 사람들은 잡과라는 과거 시험에 통과해야 했어요.

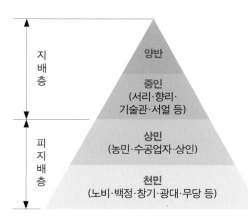

선생님 질문있어요

양반의 숫자는 많았나요?
조선이 처음 세워졌을 때 양반은 극히 적었어요. 과거 시험에 합격하기가 굉장히 어려웠기 때문이죠. 하지만 후에 임진왜란이 일어나면서 양반의 비율이 늘어나기 시작해요. 전쟁으로 어려워진 정부에서 쌀을 받고 신분을 팔거나, 전쟁에 공을 세운 자들에게 양반 신분을 내린거지요. 조선 후기로 갈수록 점차 양반 수는 늘어납니다.

더 알아보기

중인들 이야기

역관 : 나는 외국어를 통역하는 역관이야. 역관들은 중국어, 일본어, 몽골어, 여진어를 할 줄 알지. 우리가 없으면 양반들이 다른 나라에 가서도 말이 통하지 않을 걸.

향리 : 나는 관청에서 일하는 향리야. 중요한 일을 결정하는 것은 관리들의 몫이지만, 세금을 걷고 관청을 실질적으로 운영하는 데에는 내 도움이 꼭 필요하지.

의관 : 나는 오늘날의 의사인 의관이야. 우리는 시험을 통해 궁궐에 들어오지. 임금님이나 왕족들이 편찮으시면 우리가 고쳐드리지.

서얼 : 우리 아버지는 양반이지만 나는 양반이 아니야. 우리 어머니가 아버지의 첫째 부인이 아니기 때문이지. 우리는 열심히 공부해도 높은 관리가 될 수 없어. 대신에 군인이 되거나 기술관이 될 수는 있지.

③ 나라의 살림을 책임진다! 상민

수공업
사람이 손과 발, 간단한 기계로 물건을 만드는 일을 뜻합니다.

상민은 조선 시대의 가장 많은 수의 일반 백성들을 말해요. 상민들은 **농사를 짓거나**, **상업을 하거나**, 또는 **수공업*을** 하며 나라 **경제를 책임졌지요**. 상민의 **대부분은 농민**이었어요. 그들은 쌀 등을 세금으로 내고, 자기 고장의 특산물을 나라에 바쳤어요.

또한 이들은 틈틈이 군사 훈련을 받아 전쟁이 일어나면 병사가 되어야 했고, 나라에 큰 공사가 있으면 가서 일을 해야 하는 부담을 지고 있었어요.

상민에는 농민뿐만 아니라 상인과 수공업자도 속해 있었습니다. 조선의 상인들은 나라의 엄한 통제를 받았지요. 그들은 나라의 허락이 없으면 장사를 하지 못하였으며, 나라에서 필요한 물건들을 구해오는 역할도 맡아야 했습니다.

상인들과 함께 수공업자들도 나라의 엄격한 통제를 받았어요. 수공업자들은 주로 관청에 소속되어 있었지요. 그들은 관청에서 필요로 하는 무기, 그릇, 옷, 종이, 붓 등을 주문 받아서 만들어냈습니다. 관청에 소속된 수공업자들과는 달리 개인적으로 가게를 하는 수공업자들도 있었습니다. 그들은 양반들이 필요로 하는 사치품들을 비롯하여 일반 백성들이 필요한 농기구도 만들었어요.

하지만 나라에서는 농업을 더 높이 평가해 상인과 수공업자들은 농민에 비해 더 못한 대우를 받았지요.

호패
조선 시대 때 16세 이상의 남자가 가지고 다니는 신분증명서와 같아요. 왕족, 관료와 상민, 천민 등 모든 사람들이 가지고 다녔어요.

④ 우리도 사람이다! 천민

천민은 자유롭지 못하며 양반이나 관청에 속해 있어 잡일을 하는 사람들과 천한 직업을 가진 사람들이었어요. 이들은 주인을 위해 일하거나 남들이 꺼리는 일을 해야 했죠. 천민들은 사람이 누려야 할 것들을 제대로 누리지 못했어요. 천민 중에서 **대부분을 차지하는 것은 노비**였어요.

노비는 개인의 재산으로 여겨져 **사고파는 대상**이었어요. 어머니와 아버지 중에 한쪽이 노비이면 자식도 노비가 된다는 법을 통해 노비 신분은 계속해서 이어졌습니다. 노비들은 이사를 갈 수 있는 자유가 없었고, 자기 자신이 아니라 주인을 위해 평생을 살아가야 했지요. 노비는 크게 두 가지 종류가 있었는데, 나라가 그 주인인 공노비와 일반 사람들이 주인인 사노비로 나뉘어 있었어요.

노비와 함께 소와 같은 짐승을 도살하는 백정, 묘기를 부리는 광대, 귀신을 쫓는 무당, 양반들의 시중을 들던 기생들도 천민이었어요.

노비 명단(국립 중앙 박물관)

노비 가격은 얼마였을까?

조선 시대 노비의 가격은 현재까지 전해지는 숙종 임금 대의 문서에서 확인할 수 있어요. 그 때 주인이 노비 어머니와 아들(여종 1, 남종 1)을 45냥에 팔았다고 합니다. 1800년대 때 소 한 마리 값이 30냥 정도로 알려져 있는데, 이와 비교하면 노비 한 명은 소 한 마리 보다도 값이 덜 나갔다는 것을 알 수 있죠.

탐구 활동

조선시대 각 신분별로 유명한 사람들을 찾아봅시다.

조선은 철저한 신분 사회였어요. 양반, 중인, 상민, 천민의 4가지 신분별로 유명한 사람들을 조사하여 어떤 삶을 살았는지 적어 봅시다(자기 가문의 사람이면 더욱 좋습니다).

양반

양반은 문반과 무반을 합쳐서 부르는 말이다가 나중에 조선을 지배하는 사람들을 이르는 말로 바뀌게 되었지요. 자신이 아는 유명한 양반을 조사하여 봅시다.

이름 :

했던 일 :

중인

중인은 좁게는 한양에 살던 역관, 의관, 화원 등을 이르는 말이고 넓게는 사또를 돕던 향리, 양반의 아들이나 어머니가 양반이 아닌 서얼 등도 이르던 말이었어요. 중인들의 숫자는 매우 적은 편이었죠. 유명한 중인을 조사해보세요.
(예) 동의보감을 완성한 의원 허준, 드라마 '마의'의 주인공 백광현, 장희빈을 배출한 인동 장씨 가문, 조선 최고의 화원 김홍도 등

이름 :

했던 일 :

상민과 천민 중에서 역사에 기록이 남은 사람을 찾기는 어렵습니다. 몇몇 사람들을 꼽자면 우선 인삼 무역을 통해 큰 돈을 벌었던 상인인 임상옥이 상민이었습니다. 또 제주도에서 장사를 하여 큰 돈을 벌었으나, 굶주린 백성들에게 전 재산을 나눠준 김만덕이 본래 천민인 기생이었으나 나중에 상민이 되지요. 대표적인 천민으로는 본래 노비였다 조선 최고의 기술자가 된 장영실이 있습니다.

문제 풀이

1 다음의 글에서 설명하는 조선 시대의 신분 계층에 속하는 사람은 누구인가?( )

이들은 군대에 가서 나라를 지키거나 세금을 내야 하였으며, 양인에 속하여 과거 시험을 볼 수는 있었지만 실제로 교육을 받지 못하여 과거에 합격하기가 매우 힘들었다.

① 아버지가 양반이나 어머니는 천민인 이서얼

② 양반집의 노비로 주인댁 밭을 일구는 갑돌이

③ 한양에서 넓은 밭을 일구며 사는 상민 나부자

④ 아버지가 과거에 급제하여 이조판서까지 오른 김양반

2 다음은 조선 시대의 양반에 대하여 정리한 표입니다. 표의 빈 칸을 완성해 보세요.

조선 시대의 양반에 관하여

1. 양반이란 말의 뜻	과거 시험의 두 종류인 문과와 무과 시험을 합격한 (①)과 무반을 일컫던 말.
2. 양반들의 결혼	주로 같은 신분끼리만 결혼을 하여 가문을 지켰다.
3. 양반들의 생활	유학 공부를 열심히 하여 (②) 시험에 통과하는 것이 목표였으며, 군대에 가거나 노역을 하지 않아도 되었다.

①번 정답 ( )

②번 정답 ( )

정답과 해설은 143쪽에 있습니다.

학습내용 : 이순신과 남한산성 등 대표적인 인물과 유적을 통해 임진왜란과 병자호란의 극복 과정을 조사한다

① 일본의 침략을 물리친 사람들

1592년 늦은 봄날 새벽, 일본군의 배가 부산 앞바다를 까맣게 매웁니다. 일본의 도요토미 히데요시는 20여 만 명의 일본군을 보내 조선을 침략해왔지요. 이 전쟁을 '임진왜란'이라고 합니다. 일본군은 명나라를 치기 위해 길을 빌려달라는 구실을 내세우며 우리나라를 공격해왔습니다. 하지만 미처 전쟁 준비가 되어있지 않던 조선군은 계속 패배하여 북쪽으로 밀리게 되었어요.

부산진 순절도(육군박물관)
임진왜란의 첫 전투였던 부산성에서의 싸움을 그린 그림입니다. 정발 장군이 전사했답니다.

일본군을 피해 선조 임금과 신하들은 한양을 버리고, 북쪽으로 피란을 떠납니다. 일본군은 비어 있다시피 한 한양을 차지하고 더욱 기세를 올려 선조 임금을 추격해 올라갑니다. 전쟁은 곧 일본의 승리로 끝날 것만 같았지요.

이 때 조선을 구할 영웅이 등장합니다. 그가 바로 **이순신**이에요. 이순신은 일본이 침략해오기 이전부터 전쟁이 일어날 것을 예상하고 있었습니다. 그는 전쟁에 대비해 미리 배를 만들고, **거북선**을 개조하였으며, 화약과 대포들을 준비해 놓았습니다.

전쟁이 일어나자 그는 수군을 이끌고 일본 수군과 전투를 벌여 남해 바다 일대에서 여러 차례 승리를 거두었어요. 여러 번의 승리 중에서도 특히 빛났던 건 한산도에서의 승리입니다. 이순신은 일본 수군이 몰려온다는 소식을 듣고, 여러 장수들과 힘을 합친 후 전투 준비를 합니다.

이 때 이순신은 한산도 앞바다가 싸우기에 유리한 장소라는 것을 파악하고 일본군을 그 곳으로 꾀어내기로 했지요. 이순신의 꾀에 넘어간 일본군은 한산도 앞바다에서 조선 수군에게 둘러싸이게 됩니다. 한꺼번에 불을 내뿜는 조선 수군의 대포에 일본군의 배들은 산산조각이 났고, 결국 70여 척의 일본 배가 격파되거나 불에 탔습니다. 이 전투를 '**한산도 대첩**'이라고 합니다.

한산도 대첩의 결과 일본 수군은 큰 피해를 입게 되었고, 수군의 도움을 받아서 맹렬한 기세로 나아가던 일본 육군 또한 발걸음을 멈출 수밖에 없었지요.

이순신

판옥선
조선 수군의 주된 배였어요.

한산도 앞바다(경남 통영)
이순신 장군이 적을 유인해 큰 승리를 거둔 곳이에요.

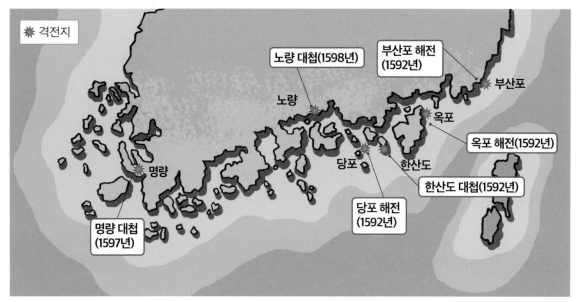

격전지

노량 대첩(1598년)

부산포 해전
(1592년)

부산포

노량

옥포

옥포 해전(1592년)

명량

당포

한산도

한산도 대첩(1592년)

당포 해전
(1592년)

명량 대첩
(1597년)

임진왜란 해전도

권율 동상(경기 고양, 행주산성)

바다에서의 이순신의 승리와 함께 명나라의 지원군이 도착함으로써 육지에서도 조선군이 승리를 거두기 시작했지요. 육지에서의 승리들 가운데 기억될 만한 싸움은 **진주(성) 대첩**과 **행주 대첩**이 있습니다.

진주성에서의 승리를 이끈 장수는 **김시민**이었어요. 김시민은 진주성으로 쳐들어와 성을 포위한 2만여 명의 일본군에 맞서 용감하게 싸웠어요. 10배나 많은 일본군이 끈질기게 쳐들어 왔지만 김시민과 진주성의 백성들은 포기하지 않고 끝까지 성을 지켜냅니다.

많은 피해를 입은 일본군은 결국 성을 포기하고 물러가지요. 하지만 김시민은 전투가 끝나기 직전 성을 돌아보던 중에 일본군의 조총에 맞아 숨을 거두고 말았습니다.

김시민에 이어 **권율** 또한 **행주산성에서 큰 승리**를 거둡니다. 이 때 일본군은 조선과 명나라 연합군에 밀려

행주치마
행주산성에서 부녀자들이 치마에
돌을 나르고 있어요.

진주성 촉석루(경남 진주)
아래에는 논개가 적장을 끌어안고 남강에 뛰어내려 죽은 곳이 있습니다.

서 점차 남으로 후퇴하고 있었어요. 한양 부근까지 후퇴한 일본군
은 더 이상 지지 않겠다는 생각으로 3만여 명의 병사로 권율이 지
키던 행주산성을 공격했지요.

조선군은 수 차례에 걸친 일본군의 맹렬한 공격을 모두 막아냈
어요. 이 때 부녀자들까지도 치마를 짧게 잘라 그 안에 돌을 담아
나르며 일본군과 싸웠다고 합니다. 권율은 일본군의 공격을 막아
내었을뿐만 아니라 후퇴하는 일본군을 쫓아 큰 피해를 입히는 등
큰 승리를 거두었어요.

이순신과 김시민, 그리고 권율과 같은 장군들은 위기에 처한 나
라를 구하기 위해 목숨을 아끼지 않고 싸웠습니다. 전쟁이 시작되
었을 때 밀리기만 하던 조선군이 맹렬히 싸우기 시작하자 일본군
은 점차 힘을 잃어 갔습니다.

더 알아보기

임진왜란의 비참함과 여성과 아이들의 모습

성(부산성) 안에는 약 300채의 집이 있었다. 양반 댁 여인들은 얼굴에 솥과 냄비의 검댕을 바르고 허름한 옷을 입음으로써 자신들의 신분을 감추었다. 또 놀란 마음에 비명과 고함을 지르며 눈물범벅이 되기도 하였다. 이 모든 것이 조선의 여인들이 정숙하고 곧으며 조심성이 있기로 유명하기 때문이다. 양반 댁 남녀 아이들은 어머니가 가르쳐준 대로 절름발이인 척하면서 다리를 절며 걷거나 태어날 때부터 그런 것처럼 입을 비뚤어지게 하였다. 그러나 속임수인 걸 곧 알아차린 일본군은 이 아이들을 포로로 잡았다. ……(『임진난의 기록 : 루이스 프로이스가 본 임진왜란』)

② 스스로 목숨을 바쳐 싸운 의병들

일본군은 임진왜란 초기에 한양만 함락시키면 조선을 쉽게 이길 수 있을 줄 알았으나 그들의 예상은 빗나가고 말았지요. 조선 백성들은 위기에 처한 나라를 구하기 위해 곳곳에서 무기를 들고 일어섰어요. 이렇게 **백성 스스로 나라를 지키기 위해 만든 군대를 의병**이라고 합니다.

여러 의병장들 중에 **곽재우**는 임진왜란 내내 이름을 크게 떨칩니다. 전쟁이 시작된 지 일주일만에 곽재우는 자신의 재산을 들여 사람들을 모으고 무기를 만들어 일본군에 맞서 싸우기 시작합니다. 곽재우가 붉은 색 옷을 입고 제일 앞에서 싸우는 것을 보고 이 때부터 사람들이 그를 '홍의장군'이라고 부르기 시작합니다.

용감한 곽재우의 활약을 보고 많은 백성들이 그

홍의장군 곽재우

의 밑으로 모여듭니다. 곽재우는 고향인 경상도에 흐르는 낙동강
을 오르내리며 여러 고을을 되찾았으며, 전라도로 가려는 일본군
을 막아내었죠.

백성들이 자신의 가족과 나라를 구하기 위해 일어나는 것을 본
승려들도 함께 싸우고자 했지요. 이 때 **승려들을 모아 승군*을 일
으킨 사람**이 바로 **사명대사**입니다. 사명대사는 먼저 승군에 참여
한 스승 서산대사의 뜻을 받들어 동료들을 불러 모읍니다. 승군들
은 평양에서 일본군을 맞아 용감히 싸웠고, 평양성을 일본군으로
부터 다시 되찾아오는 데 큰 활약을 하였습니다.

또한 사명대사는 일본과의 휴전* 이야기가 나오자, 임금님의 명
령을 받고 일본군 장군을 만나서 휴전 협상을 벌이기도 합니다.
전쟁이 끝난 후에는 사명대사가 직접 일본으로 가서 전쟁 중에
잡혀간 조선 백성들을 구해오기도 하였습니다.

이렇게 곽재우와 더불어 전국 각지에서 일어난
의병들은 점차 관군에 들어가, 조선군을 강력하게
해줍니다. 결국 조선군이 일본의 침략에 맞서 승
리할 수 있었던 것은 의병들의 활약에 힘입은 바
가 크다고 할 수 있습니다.

승군
승려(스님)들로 조직된 군대

휴전
전쟁을 멈추는 것

사명대사 유정

③ 광해군의 외교 노력

선생님 질문있어요

왜 조선의 임금들 중 광해군은 '군' 이 붙나요?

옛날에 임금님이 살아계실때는 오로지 한 분의 임금님만 계신 거였죠. 하지만 임금님이 돌아가시면 그 때 임금님께 묘호라는 이름을 붙입니다. 이 때 '종'이나 '조'를 붙여 이름을 정하였죠. 나라를 지켜내거나 크게 발전시킨 임금에게는 특별히 '조' 라는 칭호를 붙였는데 조선을 세운 태조, 임진왜란에서 승리한 선조가 대표적이죠.

'군'이 붙은 임금은 연산군과 광해군이 있는데 이들은 임금자리에서 쫓겨났기 때문에 임금으로 인정을 못받은 거죠.

일본과의 전쟁이 끝나고 선조의 뒤를 이어 임금이 된 **광해군**은 **전쟁의 피해를 수습하기 위해 노력**하였어요. 토지와 인구를 새로이 파악하여 세금을 다시 걷을 수 있도록 하였고, 성곽과 무기를 수리하며 군사를 훈련시키는 등 외적의 침입에 대비하였어요.

한편, 명나라가 힘이 약해지면서 압록강과 두만강의 북쪽에서 여러 부족으로 나뉘어 살던 여진족이 하나로 합쳐져 후금이라는 나라를 만들었어요. 후금은 나날이 힘이 강력해져 명나라를 위협할 수준이 되었지만, 조선의 신하들은 후금을 예전의 여진족으로밖에 보지 않았습니다.

광해군은 명나라의 힘이 약해지고, 후금이 강성해지는 것을 눈치 채고 두 나라 간의 싸움에 끼어들지 않고자 노력하였어요. 하지만 명과 후금의 전쟁이 본격적으로 시작되자 조선의 입장이 애매해지게 되었지요.

파진대적도
강홍립이 후금(청)군대와 싸우는 것을 그린 그림이에요.

명나라에서는 사신을 보내, 임진왜란 때 명나라가 조선을 도와주었으니 그 은혜를 갚기 위해 군대를 보내어 후금을 공격해 달라는 말을 해옵니다. 여러 차례 대답을 피하던 광해군은 명나라의 은혜를 갚아야 한다는 신하들의 주장에 못이겨 결국 명나라를 위해 강홍립을 장수로 하여 1만여 명의 병사들을 보냈습니다. 하지만 후금과의 전쟁에서 불리해지면 항복하라는 광해군의 비밀 명령에 따라 후금에 항복하고 말지요.

광해군은 **임진왜란으로 지친 조선이 전쟁을 치를 힘이 없음을 알고 명과 후금 사이에서 중립을 지키고자** 하였어요. 하지만 조선의 일부 신하들과 양반들은 임진왜란 때 도와준 명나라의 고마움을 잊어서는 안 된다며 광해군과 맞섰어요.

광해군과 신하들 사이의 다툼이 점차 커지면서, 결국 일부 신하들이 반란을 일으켜 **광해군을 내쫓고 인조를 새로운 왕으로 세우게 됩니다**(인조반정, 1623년).

광해군 묘(경기 남양주)
왕위에서 쫓겨난 광해군은 귀양을 갔다가 결국 제주도에서 쓸쓸히 죽음을 맞게 됩니다.

④ 남한산성의 치욕이여!

인조가 왕위에 오른 후, 조선은 명나라와만 친하게 지내고 후금은 멀리합니다. 이에 후금은 조선과 전쟁을 벌이기로 결정하지요. 처음으로 1627년 후금의 임금은 직접 3만 명의 군사를 이끌고 조선으로 쳐들어 옵니다(정묘호란).

후금의 강력한 군대에 패한 조선군은 결국 후금과 형제의 국가가 되기로 약속을 하고 전쟁을 끝냈어요. 하지만 후금을 야만족이라 취급해 오던 조선에게는 후금과 형제의 나라가 되는 것이 굴욕과도 같았지요. 이와 더불어 후금이 조선에 많은 물자를 내놓으라고 하자, 인조와 신하들은 더욱 후금과의 관계를 끊고 싶어 하

남한산성 북문쪽 성벽(경기 광주)

였어요.

한편, 이 때 후금은 명나라와의 전쟁에서 계속해서 승리해가고 있었습니다. 나날이 강해지던 후금은 나라 이름을 청으로 바꾸고, 조선에 형제의 나라가 아니라 신하의 나라가 되라는 요구를 해오지요. 더 이상 그들의 요구를 받아줄 수 없었던 조선은 과감하게 청과의 관계를 끊어버립니다. 이에 **청의 임금**은 1636년 추운 겨울날 직접 12만여 명의 군사들을 이끌고 **두번째로 조선을 침략**해 옵니다. 이 전쟁을 **병자호란**이라고 합니다.

청의 군대는 빠른 속도로 한양을 향해 내려왔어요. 인조 임금은 신하들을 거느리고 남한산성으로 피합니다. 남한산성을 포위한 청나라 군대는 성 안의 조선군이 지칠 때까지 기다리는 작전을 벌였어요. 지나치게 추운 날씨와 부족한 먹을 것 때문에 지칠 때로 지친 조선군은 40여 일이 지난 끝에 결국 항복하고 말았지요. 결국 **인조**는 **삼전도***에서 **청의 임금**에게 **항복**을 하게 되었어요.

병자호란은 한 달 남짓한 짧은 전쟁이었으나 그 피해는 매우 컸고 조선으로서는 일찍이 당해보지 못한 굴욕적인 패배였어요. 이로써 조선은 청나라의 간섭을 받는 처지가 되었지요.

삼전도
지금의 서울시 송파구 쪽에 있던 나루터 이름.

삼전도비(서울 송파)
대청황제공덕비라고도 하며 여기에는 인조가 청나라에 항복한 내용이 적혀있는 치욕의 비입니다.

탐구 활동

병자호란이 일어나게 된 원인에 대해 알아봅시다.

광해군은 임진왜란을 겪으며 전쟁의 비참함에 대해 누구보다 잘 알고 있었어요. 광해군이 임금의 자리에 오른 후 중국에서는 여진족들(후에 청나라)이 점차 힘이 강해져 본래 중국을 차지하고 있던 명나라를 몰아내고 있었지요. 광해군은 명나라와 여진족의 사이에서 중립을 지키려고 했습니다.

하지만 이러한 생각은 일부 양반들에게 큰 반감을 샀습니다. 조선의 근본인 유교에서는 무엇보다 의리를 중요하게 생각하지요. 광해군에 반대하는 사람들은 임진왜란 때 조선을 도와준 명나라의 어려움을 못 본 채 하는 것은 의리를 어기는 일이라 생각하였어요.

특히 이들은 광해군이 자신과 뜻을 함께하는 사람들에게만 벼슬을 주로 내어주자 더욱 더 반감을 가지게 되었어요. 또한 광해군은 자신의 배다른 동생을 반란을 꾀했다는 누명을 씌워 죽이고, 새어머니는 궁궐 한 쪽에 가둬버립니다. 이는 부모를 잘 모시라는 유교의 '효'에도 맞지 않는 행동이었지요. 결국 광해군에 반대하는 사람들은 광해군을 몰아내고 그 조카뻘이 되는 인조를 내세워 임금으로 모시죠.

인조는 임금이 될 때부터 내세운 것이 바로 의리를 지키며 나라를 다스려야 한다는 것이었어요. 이 말은 즉 명나라를 도와 임진왜란 때 입은 은혜를 되갚아야 한다는 것을 뜻하지요. 결국 청나라는 명나라와의 전쟁 중에 조선으로 눈길을 돌려 쳐들어오게 됩니다. 청나라에 도저히 이길 수 없음을 깨달은 최명길과 같은 신하들은 항복을 주장합니다. 항복을 주장하는 그의 생각을 들어봅시다.

최명길 : 강력한 청나라와 싸우는 것은 나라를 망하게 하는 것과 마찬가지입니다. 비굴하게 보일지 모르지만 항복합시다. 저 산처럼 쌓여가는 백성들의 시체를 보십시오.

하지만 그에 반대하는 김상헌과 같은 신하들은 그의 의견에 절대 반대합니다.

김상헌 : 어찌하여 비굴하게 항복을 한 단 말입니까? 비록 피해가 크더라도 우리는 끝까지 싸워야 합니다.

여러분이 인조 임금이라면 어떤 선택을 내렸을까요? 한 번 생각해 봅시다.

> 항복해야 합니다!

> 끝까지 싸워야 합니다!

- 전쟁을 벌일 것인가요?

- 그 이유는 무엇인가요?

1 다음 사진과 가장 관련된 사건은?(   )

삼전도는 청나라의 침입에 맞서 남한산성에서 싸우던 인조가 결국에 청나라 장수 용골대에 항복한 장소라고 합니다.

① 정묘호란　　　② 임진왜란　　　③ 임오군란　　　④ 병자호란

2 다음 기사의 빈칸에 들어갈 알맞은 말들은?

한산도 앞바다를 찾아

경남 통영에 위치한 한산도 앞바다는 1592년 7월 8일 일본군에 맞서 __①__ 장군이 큰 승리를 거둔 곳이다.

일본군에게 거둔 이 승리는 진주대첩, 행주대첩과 함께 __②__ 의 3대 대첩으로 불린다.

①번 정답 (　　　　　　　)
②번 정답 (　　　　　　　)

정답과 해설은 143쪽에 있습니다.

문제풀이 정답과 해설

1-1 19쪽

정답 ②

해설 구석기, 신석기, 청동기 시대의 생활상을 묻는 문제로 움집과 빗살무늬 토기로 대표되는 신석기 시대의 생활상에 대해서 알아야 해요.

신석기 시대는 돌을 정교하게 갈아서 만든 간석기를 사용하고, 동물을 기르며 농경을 시작하였습니다. 또한 움집을 짓고 정착 생활을 하였으며, 빗살무늬 토기 등을 만들어 사용하였지요.

정답 ④

해설 (가) 시기는 청동기 시대의 상황을 설명한 것으로 ④번의 모습은 고인돌을 만드는 모습입니다. 고인돌은 청동기 시대의 대표적 유물이죠.

① – 신석기 시대, ② – 구석기 시대, ③ – 신석기 시대의 모습입니다.

1-2 27쪽

정답 ③

해설 청동기를 바탕으로 생겨난 고조선은 8조법을 만들어 백성들의 생명과 재산을 지켜 준 우리 민족 최초의 나라랍니다.

정답 ④

해설 개인의 재산을 인정하며 중요하게 여기고, 돈을 사용했다는 의미로 해석해야 합니다.

1-3 41쪽

정답 ③

해설 삼국은 백제(4세기), 고구려(5세기), 신라(6세기) 순으로 전성기를 맞이하였어요.

정답 ③

해설 고구려는 광개토대왕과 장수왕 때 전성기를 맞이하여 영토를 만주와 한강유역으로 확장하였어요. 백제는 근초고왕 때 한강 이북까지 진출하고 남으로 마한을 완전히 합하고 중국과 일본까지 세력을 뻗쳤죠. 신라는 진흥왕 때 화랑 제도를 정비하고 백제와 연합하여 고구려를 공격하여 한강 상류를 차지하는 등 영토를 크게 넓혔답니다.

① -4 51쪽

정답 ③

해설 신라 24대 왕인 진흥왕은 화랑 제도를 정비하는 등 신라의 전성기를 이끌었고, 이후 삼국 통일의 기틀을 마련한 임금이에요. 그는 자신의 정복지에 순수비를 세웠답니다.
①, ④ – 고구려 비석. ② – 백제 비석

---

① -5 63쪽

정답 ①

해설 백제의 문화는 섬세하면서도 온화한 아름다움과 우아한 멋이 느껴집니다.
②, ③ – 고분벽화가 유명하고, 씩씩하고 굳센 기상을 엿볼 수 있는 나라는 고구려에요. ④ – 금관이 발견된 나라는 신라이지요.

정답 ③

해설 경주에서 볼 수 있는 문화 유산을 고르는 것으로 신라 왕관이 가장 적절한 문화재지요. ①은 백제, ②는 가야, ④는 발해의 문화재랍니다.

---

① -6 69쪽

정답 ①

해설 지도에 나온 (가)는 발해입니다. ①은 발해 석등이고, ②는 백제 대향로예요. ③은 금동 미륵보살 반가사유상이고, ④는 신라의 첨성대이죠.

정답 ④

해설 발해가 가장 융성했던 시기는 9세기 선왕 때였어요. 이 무렵, 발해는 당나라에 유학생을 보내어 당의 제도와 문화를 받아들이는 한편, 말갈의 여러 부족을 복속시키고, 서쪽으로는 요동 지방에까지 진출하였답니다. 이리하여 고구려의 옛 땅을 대부분 되찾았어요. 중국에서는 이러한 발해를 '동쪽의 융성한 나라'라는 뜻을 가진 '해동성국'이라고 불렀지요.

---

② -1 77쪽

정답 ②

해설 왕건은 한때 궁예의 부하였으나, 궁예가 포악한 정치로 부하들에 의해 쫓겨나면서 새 왕이 되었어요. 많은 부하들의 도움으로 왕이 된 것이죠. 왕이 된 왕건은 고구려를 계승하는 의미로 나라 이름을 '고려'라고 짓고 도읍을 개성으로 정했습니다. 왕건은 세금을 줄이고, 지방 호족을 후하게 대접하였지요.

정답 ④

해설 신라는 후백제의 공격으로 경주가 점령당하고 경애왕이 죽임을 당할 정도로 힘이 약해졌어요. 신라의 마지막 왕인 경순왕은 신라를 지키는 것이 어려워지자 나라를 평화적으로 고려에게 바칩니다.

ㄹ-2 86쪽

정답 ④
해설 서희는 거란의 1차 침입 때 적장 소손녕과 담판을 통해 고려는 나라 이름으로 보아도 고구려의 후손임을 설득하여 거란군을 철수시키는 외교적 능력을 발휘하였어요. 그의 담판으로 고려는 오히려 강동 6주를 얻어 영토를 넓힐 수 있었답니다.

정답 ②
해설 삼별초는 몽골에 항복하고 개경으로 돌아가는 것을 끝까지 반대하고 대몽골 항쟁을 했던 부대예요. 강화도 이후 진도, 제주도로 근거지를 옮겨가면서 끝까지 항전을 계속하였답니다.

ㄹ-3 91쪽

정답 ①
해설 고려의 대외 관계를 묻는 것으로 지도에 나와 있듯이 벽란도를 중심으로 여러 가지 물품을 교역하였어요. 멀리 아라비아 상인들과도 교역을 하여 고려라는 이름이 "코리아"라고 서양에 알려진 계기가 되었지요.

정답 ①
해설 예성강 하류에 있는 고려 제1의 국제 무역항구로 수도인 개경과 가깝고 물이 깊어 배가 자유로이 드나들 수 있었던 곳입니다. 고려가 바닷길을 이용한 무역을 활발하게 하였음을 알 수 있어요.

ㄹ-4 101쪽

정답 ③
해설 고려는 몽골과 전쟁 중이던 강화도 피난 시 금속 활자로 상정고금예문을 인쇄하였으나 안타깝게 현재는 전해지지 않아요(1234). 그러나 청주 흥덕사에서 인쇄한 직지심체요절(1377)은 현재까지 전해지며 세계에서 가장 오래된 금속 활자본으로 인정받고 있답니다.

정답 팔만 대장경판
해설 몽골의 침략을 받아 강화도에서 싸웠을 때 부처님의 힘으로 극복하겠다는 신앙심에 만들어진 것으로 16년 간에 걸쳐 제작되었으며 세계에서 가장 뛰어난 목판 인쇄물로 인정 받고 있어요.

3-1 112쪽

정답 ②
해설 정몽주는 고려에 대한 충성심을 굽히지 않다가 이 방원에 의해 선죽교에서 살해당하였습니다.

정답 ① : 불교 ② : 유교
해설 고려는 불교를 바탕으로 하는 나라였으나, 조선을 세운 정도전과 같은 사람들은 조선을 유교의 나라로 만들고자 노력하였지요.

3-2 121쪽

정답 ②
해설 세종 때에는 왜구와 여진족을 정벌하여 백성들의 삶을 편하게 하였어요.

정답 ① : 여진족 ② : 한글
해설 세종 대에는 김종서가 조선의 북쪽에서 국경 지역을 어지럽히던 여진족을 물리치고 4군 6진을 세웠으며, 우리 민족 고유 문자인 한글이 창제되었어요.

3-3 127쪽

정답 ③
해설 상민도 과거시험을 볼 수는 있었지만, 일을 해야했기 때문에 합격하지 못했지요.

정답 ① : 문반 ② : 과거
해설 양반들은 문반과 무반을 일컫던 말이었으나 후에 하나의 신분을 나타내는 말로 쓰였으며, 과거 시험에 합격하여 가문을 빛내는 것이 목표였어요.

3-4 139쪽

정답 ④
해설 청나라의 두 번째 침략에 맞서 싸우다 삼전도에서 항복한 것은 병자호란입니다.

정답 ① : 이순신 ② : 임진왜란
해설 임진왜란 당시 일본 수군의 주력 부대를 싸우기 좋은 장소인 한산도 앞바다로 유인하여 크게 무찌른 전투가 한산도 대첩이에요. 이순신 장군이 거둔 대표적인 승리 중에 하나이며, 이는 임진왜란의 3대 대첩으로 불리웁니다.

선생님과 함께
미리 배우는 초등 한국사 1

지은이 | 장득진(국사 편찬 위원회)·김경수(서울 계성초등학교)
　　　　 장성익(서울천동초등학교)·이동규(서울 영본초등학교)
감수 | 김원수(서울교육대학교)
검토 | 이경찬(부천 수주고등학교)·이기명(성남 낙생고등학교)
참여학생 | 김혜지·이준표·임준형·주재우(천동초등학교)
　　　　　 김동영·박성원·배성빈·송윤서(영본초등학교)
　　　　　 곽도윤·윤정원(계성초등학교)

펴낸이 | 최병식
디자인 | 정진호
삽화 | 하상철

펴낸날 | 2013년 12월 12일
펴낸곳 | 주류성출판사
주소 | 서울특별시 서초구 강남대로 435(서초동 1305-5) 주류성빌딩 15층
전화 | 02-3481-1024(대표전화)　팩스 | 02-3482-0656
홈페이지 | www.juluesung.co.kr

값 12,500원

잘못된 책은 교환해 드립니다.

ISBN 978-89-6246-115-2 64910
　　　(세트 978-89-6246-114-5 64910)